Gramática Española

EVEREST

Dirección editorial: Raquel López Varela

Coordinación editorial: Ana Rodríguez Vega

Autora: Carmen Gutiérrez

Diseño de la cubierta: Alfredo Anievas

Diseño de interiores: Alfredo Anievas

Maquetación y diagramación: Carmen Gutiérrez

Ana Cristina López Viñuela

PRIMERA EDICIÓN, primera reimpresión 2005

© EDITORIAL EVEREST, S. A.
Carretera León-La Coruña, km 5 - LEÓN
ISBN: 84-241-1216-4
Depósito legal: LE. 89-2005
Printed in Spain - Impreso en España

EDITORIAL EVERGRÁFICAS, S. L.
Carretera León-La Coruña, km 5
LEÓN (España)

www.everest. es
Atención al cliente: 902 123 400

Poseer un dominio completo de la gramática es uno de los objetivos más importantes en la enseñanza de cualquier lengua. El diccionario únicamente aporta el conocimiento del significado de las palabras, pero no la forma de utilizarlas correctamente y de combinar unas con otras, por ello creemos que el uso de cualquier sistema añadido que facilite la comprensión de un idioma y, por tanto, la comunicación, debe ser asimilado y difundido de un modo claro y eficaz.

Con el título **GRAMÁTICA ESPAÑOLA-MÉTODO PRÁCTICO** creemos haber acertado plenamente en el intento de ofrecer un auténtico método, fundamentalmente práctico, que pretende orientar y guiar a los estudiantes de nuestro idioma por un terreno que, en ocasiones, resulta complicado y oscuro. Para un estudiante no basta con memorizar las reglas gramaticales de una manera mecánica, sino que ha de saber emplearlas en su comunicación habitual, tanto oralmente como por escrito; de ahí que uno de los puntos más importantes de esta obra sea el *enfoque didáctico* presente a lo largo de sus 232 páginas, que la convierten en un instrumento muy valioso para el profesorado. En él pueden encontrar, gracias al amplio abanico de posibilidades que se ofrecen, actividades de gran utilidad para atender la diversidad del aula y el nivel de sus estudiantes.

Si a ello le sumamos lo manejable del formato –que, por su tamaño, permite escribir dentro del interior del libro–, la profusión de ejercicios con sus correspondientes soluciones, así como la gran cantidad de cuadros explicativos, consideramos sin ningún lugar a dudas que nos encontramos ante un pequeño gran método práctico de Gramática.

EDITORIAL EVEREST

Introducción

torpe – slow, clumsy
lento – slow
destreza – skill, dexterity

apparatos
Si compramos un aparato electrónico o un juguete con diferentes *piezas / pieces* que debe ser montado *assembling*, ¿qué es lo primero que hacemos? Sin duda, leer el manual de instrucciones, porque nuestro instinto y nuestra experiencia nos puede servir en algunos casos pero, en otros, necesitamos ayuda.

success   *hardly*
Algo parecido sucede con el lenguaje. Cuando empezamos a hablar, siendo apenas bebés, comenzamos a manejar un pequeño número de piezas de ese juguete tan complicado que es la lengua; lo hacemos de forma muy *slow* torpe y, aunque seguimos las indicaciones de los mayores, son muchas las dudas y muchos los errores. Pocos años después, cuando el número de piezas que manejamos es mayor y también mayor la *skill* destreza en su uso, aprendemos a leer y a escribir y de nuevo se acumulan los interrogantes y las incorrecciones porque este juguete que manejamos es difícil de dominar y, además, es un juguete vivo que va cambiando aquellas que no necesita e incorporamdo piezas nuevas que se adapten a las nuevas necesidades expresivas del hablante. Por eso es necesario un manual de instrucciones.

Y eso es lo que pretenden ser las gramáticas: guías que ayuden a los usuarios de una determinada lengua a solventar los pequeños y grandes problemas que la expresión oral o escrita en esa lengua le plantea.

Estructura

¿Cómo hemos organizado nosotros este libro de ayuda? Partimos de un tema inicial, dedicado a la oración, en el que se repasan las diferentes funciones que en ella se pueden distinguir: sujeto, complemento directo, complemento preposicional, etc. A continuación, y siguiendo con nuestro símil, examinamos cada una de las piezas que componen nuestra lengua, es decir, los diferentes tipos de palabras que conforman la oración: sustantivos, adjetivos, verbos, adverbios…

Para que las explicaciones resulten más fáciles y comprensibles se acompañan de numerosos ejemplos y, en muchos casos, se presentan usos indebidos o construcciones erróneas seguidas de la forma correcta aceptada por la Academia.

Además, todas las unidades están salpicadas de diversos ejercicios que ponen a prueba vuestra comprensión lectora y vuestros conocimientos. Y, por si surgen dificultades, en las páginas finales del libro se recogen las soluciones a estos ejercicios.

La oración

affirm/state

methods/abilities

Se podría afirmar que todos los seres vivos son capaces de comunicar, entendiendo por comunicar ´manifestar´, ´transmitir´. Así, una planta con las hojas mustias nos está ofreciendo una información: necesita agua o luz, o está enferma, y por los gemidos de un animal apaleado conocemos su dolor. Pero las personas disponemos de otro recurso: podemos hablar y, además, escribir, y para ello utilizamos las **palabras**.

moans *beat - thrash*

to arrange *resort*

remainders

Imagina que quieres comunicarte con los demás y pronuncias las siguientes palabras:

corazón   *estrecha*   *los*   *ayer*

narrow/tight

latido = beat
poner término a

estrecho/a de miras
↳ narrow minded

Parece un poco complicado que entendieran tu mensaje, porque, salvo en ciertas ocasiones, las palabras no aparecen solas, sino que se relacionan unas con otras.

Fíjate ahora:

el corazón enfermo   *la carretera estrecha*   *los ojos*   *ayer vi*

to put in order

Ahora disponemos de más información: sabemos que el corazón estaba enfermo, cómo era la carretera, a quién se refería la palabra *los*, y algo que ocurrió ayer. Estos grupos de palabras han formado un **sintagma**.

Un sintagma es un grupo de palabras que se relacionan entre sí. En los sintagmas hay una palabra que funciona como núcleo (*corazón, ojos, carretera* y *vi*) y el resto como complementos. Si el núcleo es un sustantivo, se llama sintagma nominal. Si el núcleo es un verbo forma un sintagma verbal.

REGLAS GRAMATICALES

La oración

Presta atención:

El corazón del anciano está enfermo　　　*Esta carretera es demasiado estrecha*
Este niño tiene los ojos verdes　　　　　*Ayer vi la puesta de sol* — Sunset

Hemos relacionado sintagmas nominales y sintagmas verbales y hemos formado **oraciones**.

> **U**na oración **es el conjunto de palabras que forman un mensaje completo. Sus componentes principales son un sintagma nominal que funciona como sujeto y un sintagma verbal que constituye el predicado.**

1　En los siguientes sintagmas, señala cuál es su núcleo y si son sintagmas nominale (SN) o verbales (SV):

nos mienten	_SV_	yo estuve _____	tú cumpliste _____
la mariposa cansada _____		esta mano _____	el olvido _____
el coche rojo _____		mi nuevo amigo _____	hoy vuelvo _____
jugué al golf _____		lo siento _____	juegan conmigo _____

(carried out)
(butterfly)

El sujeto

Compara las siguientes oraciones:

Tú comes demasiado　　　　　　　　*Nosotros comemos demasiado*
Los directores propusieron una tregua　*El director propuso una tregua*
La abogada ganó el juicio　　　　　　*Las abogadas ganaron el juicio*

Cuando cambiamos la persona del verbo o su número, es decir, cuando lo pasamos de singular a plura hay un sintagma que se ve afectado y que también cambia. Es el **sujeto**.

REGLAS **G**RAMATICALES

El sujeto es la persona, animal o cosa que realiza o recibe la acción del verbo. Concuerda con el verbo en número y persona.
La función de sujeto suele ser desempeñada por los sustantivos y algunas formas de los pronombres personales (*yo, tú, él, ella, ello, nosotros/-as, vosotros/-as, ellos/-as, usted/-es*).
El sujeto no lleva preposición.

No siempre es fácil distinguir el sujeto dentro de la oración; para facilitar esta tarea se puede preguntar al verbo *¿quién?*:

Luis asistió a una boda.   *¿Quién asistió a una boda?*   <u>*Luis.*</u>
sujeto

También se puede cambiar el número o la persona del verbo y fijarnos en qué palabra de la oración se ve afectada por esos cambios. Recuerda que el sujeto y el verbo concuerdan en número y persona:

Mi hermana compró un libro   **Mi hermana compraron un libro*

Mis hermanas compraron un libro

Yo he recibido una carta   **Yo has recibido una carta*

Tú has recibido una carta

Subraya el sujeto en las siguientes oraciones:

Nosotros caminamos muy despacio	Las niñas han ido de excursión
La conferencia comienza a las siete	La doctora ha recomendado reposo
Nuestros amigos son muy solidarios	La fiesta acabó muy tarde
Mi padre prefiere el fútbol	Ella llegará mañana

El sustantivo que funciona como sujeto, a veces, aparece acompañado de otras palabras que forman co
él el sintagma nominal y que concretan o amplían su significado: artículos, adjetivos, otros sustantiv
precedidos de preposición, etc:

> <u>El castillo de arena</u> *resistió casi toda la noche.*
> <u>El sol abrasador</u> *endureció la jornada.*
> <u>Los tres cerditos</u> *es mi cuento favorito.*

Sin embargo, en muchas oraciones no encontramos ninguna palabra que podamos identificar con
sujeto. Fíjate bien:

> *No estuve muy afortunado en mis declaraciones.*
> *¿Estáis demasiado cansados?*
> *Comeremos en el restaurante nuevo.*
> *Está un poco despistada.*

El hecho de que no aparezca el sujeto ¿dificulta la comprensión de estas oraciones? No, porque
información que se nos ofrece es suficiente para entender el mensaje. En una oración como *¿Está
demasiado cansados?*, el sujeto solo puede ser *vosotros.* Lo mismo sucede con el resto de oraciones.

> **C**uando el mensaje que nos transmite una oración es lo
> **suficientemente claro, el sujeto no**
> **aparece: es el llamado sujeto elíptico u omitido.**

3   Escribe el sujeto de las siguientes oraciones:

Aprobaremos los exámenes finales.   _____

No juegues con los sentimientos de los demás.   _____

Estarán más cómodas si se sientan aquí.   _____

No pretendía molestar con mis preguntas.   _____

Siempre está contando chismes sobre sus compañeros.   _____

REGLAS **G**RAMATICALES

El predicado

Observa estas secuencias:

El profesor explica la lección a sus alumnos en clase.

El profesor explica la lección a los alumnos.

El profesor explica la lección.

El profesor explica.

Explica.

En la oración inicial, tenemos un sintagma nominal (*El profesor*) y un sintagma verbal (*explica la lección a sus alumnos en clase*). El sintagma nominal desempeña la función de sujeto y el sintagma verbal forma el predicado. Como ves, hemos ido suprimiendo datos y el resultado sigue siendo comprensible. ¿Por qué? Porque no hemos eliminado el **verbo**.

> **E**l **verbo** es la parte más importante de la oración. Se relaciona con el sintagma nominal que funciona como sujeto y también con el resto de elementos que, con él, forman el predicado, y que son sus **complementos**.

Según la función que desempeñan en la oración, estos complementos se conocen como:

- **Complemento directo**
- **Complemento preposicional**
- **Complemento indirecto**
- **Complementos circunstanciales**
- **Atributo**

Reglas Gramaticales

4   Subraya el verbo en las siguientes oraciones:

Pasamos las vacaciones en la casa de la playa   Cleopatra causaba admiración

Este curso estudiaré en un instituto bilingüe   En la plaza del pueblo había dos mimos

No tenía demasiado dinero   Sus amigos le apoyaron en todo

El complemento directo

El complemento directo también se conoce como objeto directo o implemento.

Fíjate en estas oraciones:

Ayer madrugué   *Marina recibe*
El bebé sonreía   *La dependienta desenvuelve*
Lorena sollozaba   *El alumno olvidó*

Si comparamos las oraciones de ambas columnas, observamos que las oraciones de la izquierda nc transmiten un mensaje completo; ante las de la derecha, nos surgen interrogantes: ¿qué recibe Marina ¿qué desenvuelve la dependienta?, ¿qué olvidó el alumno? Los verbos de estas oraciones necesita concretar su significado:

Marina recibe la carta
La dependienta desenvuelve el paquete
El alumno olvidó la lección

La carta, *el paquete* y *la lección* son el **complemento directo** y es la respuesta que aparece s preguntamos al verbo *qué*.

> **E**l complemento directo **es un complemento que necesitan algunos verbos para completar su significado. Suele ser un sustantivo.**

REGLAS **G**RAMATICALES

Hay verbos que siempre precisan un complemento directo, como *hacer, dar* o *tener*; estos verbos se llaman **transitivos**. Sin embargo, el significado de otros verbos es tan completo que no necesitan el complemento directo: *salir, llegar, morir*, etc.; estos verbos son **intransitivos**. La mayoría de los verbos, según el contexto, pueden llevar o no complemento directo:

Vivo en esta calle　　　　　　　　*Vive una vida muy tranquila*

El niño duerme muy bien　　　　　*Me gusta dormir la siesta*

Con los siguientes verbos escribe dos oraciones, una con complemento directo y otra sin él:

bailar　　esconder　　construir　　jugar　　aprender

_____　　　_____

_____　　　_____

_____　　　_____

_____　　　_____

_____　　　_____

Observa:

Esta ciudad no la he visitado nunca　　*¿Conoces a la profesora? No, no la conozco*

El museo no lo cierran hasta las cuatro　*¿Jugaste los dos partidos? Sí, los jugué*

> **E**l complemento directo suele aparecer detrás del verbo;
> sin embargo, si lo situamos delante porque
> queremos destacarlo o si lo eliminamos porque ya se ha mencionado,
> en su lugar aparecen los siguientes pronombres personales:
> *lo, la, los, las.*

REGLAS GRAMATICALES

6   Vuelve a escribir las siguientes oraciones, y sustituye el complemento directo y por el pronombre personal correspondiente (*lo, la, los, las*):

El músico compuso una extraña melodía   _____

Ana ha comprado un teléfono móvil   _____

La princesa lucía unas joyas espectaculares   _____

Los bomberos localizaron los focos del incendio   _____

El tabaco perjudica la salud   _____

Observa:

La policía detuvo a los manifestantes
No quiero abandonar a mi perrito
No invitaremos a nadie.

> **E**l complemento directo no va precedido de preposición.
> **Sin embargo, cuando hace referencia a personas**
> **y animales u objetos personificados, se añade la preposición *a*:**

También se antepone la preposición *a* cuando pueden surgir dificultades para diferenciar el sujeto del complemento directo. Fíjate en estas oraciones:

Juan pintó Víctor
El perro mordió el gato

no está claro cuál es el sujeto y cuál es el predicado. En cambio, si decimos:

Juan pintó a Víctor
El perro mordió al gato

las funciones de cada sintagma sí que están claras.

REGLAS GRAMATICALES

El complemento preposicional

También es conocido como suplemento.

Ante estas oraciones:

Siempre habla de sus conquistas   *La enfermera se ocupó del enfermo*

Confía en sus amigos   *Nos encariñamos con la pequeña*

podemos comprobar que, al igual que pasaba con el complemento directo, el significado del verbo necesita ser concretado. Sin embargo, el complemento preposicional que aparece en estas secuencias es diferente al complemento directo. ¿Por qué?

• El complemento preposicional está compuesto por un sustantivo precedido de preposición (*de, en, con,* etc.), algo que sólo a veces sucedía con el complemento directo (y siempre se trataba de la preposición *a*).

• Esta preposición es exigida por el verbo porque no podemos preguntar al verbo: *¿qué habla?, ¿qué confía?* sino *¿de qué habla?, ¿en quiénes confía?, ¿de quién se ocupó?, ¿de qué no se acordó?*

• Si cuando eliminábamos el complemento directo aparecían los pronombres *lo, la, los, las,* en el caso del complemento preposicional seguirá apareciendo la preposición, seguida de otros pronombres:

Siempre habla de ellas   *La enfermera se ocupó de él*

Confía en ellos   *Nos encariñamos con ella*

El **complemento preposicional** es un complemento introducido por una preposición que necesitan algunos verbos para formar el predicado. Suele ser un sustantivo y, si lo eliminamos, siempre deja como marca un pronombre precedido de esa preposición.

REGLAS **G**RAMATICALES

7   Subraya el complemento preposicional de las siguientes oraciones:

         Se enorgulleció de su hija.

         Este libro trata de la Revolución Francesa.

         El mendigo se conformó con la limosna.

         Cuentas con mi apoyo.

         Nunca se acuerda de sus compromisos.

         La niña se encariñó con el peluche.

El complemento indirecto

El complemento indirecto también es llamado *complemento* por algunos lingüistas.

En las siguientes oraciones:

       Regalé un reloj a mi prometida   *El público dedicó un aplauso a los participantes*
       Compró una bufanda a sus hijas   *Quitó el polvo a los libros.*

la acción expresada por el verbo va dirigida a alguien: *mi prometida, sus hijas, los participantes*, o algo: *los libros;* y ese destinatario lo conocemos si preguntamos al verbo *¿a quién?* Es el **complemen indirecto**.

> **E**l complemento indirecto **indica quién recibe el provecho o el daño de la acción del verbo.**
> **Suele ser un sustantivo precedido de la preposición** *a* **que**

Decíamos que el complemento directo, en ocasiones, aparece precedido de la preposición a. ¿Se pued confundir entonces con el complemento indirecto? Al omitir o anteponer al verbo el complemen directo, aparecía *lo, la, los, las.* Si hacemos lo mismo con el complemento indirecto, la marca que qued es *le, les,* con diferencia de número pero no de género:

REGLAS GRAMATICALES

Le regalé un reloj

Les compró una bufanda

Les dedicó un aplauso

Les quitó el polvo

> **E**l complemento indirecto **suele aparecer detrás del verbo;**
> **sin embargo, si lo anteponemos o lo eliminamos,**
> **en su lugar aparecen los pronombres personales** *le, les.*

Y ¿qué ocurriría si sustituyésemos los dos complementos, directo e indirecto, en la misma oración? No es correcto **Le lo regalé, *Les lo dedicó.* En estos casos, el complemento indirecto se sustituye por *se.*

Se lo regalé

Se la compró

Se lo dedicó

Se lo quitó

Fíjate bien en las siguientes oraciones y descubre quién se beneficia de la acción del verbo, es decir, cuál es el complemento indirecto:

Lucía regaló chucherías a sus sobrinos.

No quería entregar el examen al profesor.

El dependiente entregó la compra al cliente.

Hice una fotografía a los turistas.

Los complementos circunstanciales

Observa:

Esta mañana se inaugurará el museo

Habla despacio

Nos encontramos allí

Con témperas he pintado este cuadro

REGLAS **G**RAMATICALES

Estamos ante unas oraciones en las que se nos ofrece diversa información acerca de dónde, cuánd cómo y con qué se ha desarrollado la acción verbal. Las palabras que contienen esta información llaman **complementos circunstanciales**.

> **L**os complementos circunstanciales **son aquellos que nos ofrecen detalles sobre la acción verbal: cómo se produce, dónde, cuándo, cómo, por qué, con qué, en qué medida, etc. Suele ser una función desarrollada por el adverbio, y también por el sustantivo, precedido o no de preposición.**

Fíjate en esta oración:

Ayer, el cartero dejó tu paquete en el portal para mí con mucho cuidado.

En esta secuencia podemos contar hasta cuatro complementos circunstanciales. Unos aparecen antes verbo y otros detrás, pero podríamos cambiarlos de sitio sin que ello alterase el sentido del mensaje. mismo ocurriría si eliminásemos alguno de ellos, o todos: perderíamos información pero la oración seguiría siendo correcta, porque los complementos circunstanciales no son indispensables para la acció verbal.

Se llaman así porque porque indican las circunstancias que rodean lo que se comunica en la oración. como esas circunstancias pueden ser variadas (tiempo, lugar, modo, instrumento, causa, etc.), tambié los complementos circunstanciales presentan esa variedad: complemento circunstancial de lugar, o tiempo, de modo, etc.

> **E**n una oración puede haber más de un complemento circunstancial **(algo que no ocurría con el resto de funciones vistas hasta ahora), presentan gran movilidad dentro de la oración y, si los suprimimos, no dejan ninguna marca ni alteran la estructura del mensaje.**

REGLAS GRAMATICALES

Escribe una oración que contenga:

Un complemento circunstancial de tiempo:

_____

Un complemento circunstancial de modo y otro de lugar:

_____

Un complemento circunstancial de tiempo y otro de instrumento:

_____

Un complemento circunstancial de causa:

_____

El atributo

En oraciones como:

> *Tu hermano es muy simpático.*
> *Las aspirantes parecen tranquilas.*

vemos que el verbo es seguido por un complemento que no hemos visto hasta ahora. Parece coincidir con los complementos circunstanciales de modo porque responden a la pregunta ¿cómo?, pero, en este caso, se puede comprobar que concuerda en género y número con el sujeto, algo que no ocurría con los circunstanciales:

> *Tu hermana es muy simpática.*
> *El aspirante parece tranquilo.*

REGLAS GRAMATICALES

Esta nueva función se llama **atributo**.

> **E**l atributo es un complemento verbal que aparece con un número reducido de verbos (los llamados verbos copulativos): *ser, estar, resultar, parecer...* Es una función desempeñada normalmente por un adjetivo, aunque también puede aparecer un sustantivo. Concuerda en género y número con el sujeto.

Si en una oración eliminamos el atributo, aparece obligatoriamente el pronombre *lo,* invariable e género y número:

¿Tu hermano es muy simpático?	*Lo es*
¿Las aspirantes parecen tranquilas?	*Lo parecen*

10 Une cada pregunta con su correspondiente respuesta:

1. ¿Este niño está insoportable?

2. ¿La solución es complicada?

3. ¿El problema parece sencillo?

4. ¿Las aceitunas son peligrosas para los niños?

5. ¿Los aviones están estropeados?

A **Sí, lo parece**

B **Sí, lo son**

C **Sí, lo están**

D **Sí, lo es**

E **Sí, lo está**

1   Ya conoces las diferentes funciones que pueden aparecer en una oración. Ahora intenta analizar las siguientes oraciones:

En la papelería compré un cuaderno

sujeto: _____ *yo* _____

verbo: _____

complemento directo: _____

complemento circunstancial: _____

Mi padre regaló flores a mi madre en su cumpleaños

_____ : _____

_____ : _____

_____ : _____

_____ : _____

_____ : _____

Ayer, en la reunión, el director se jactaba de sus logros

_____ : _____

_____ : _____

_____ : _____

_____ : _____

_____ : _____

PRACTICA

Observa estas secuencias:

a) En el tejado de la casa de la vecina hay un gato.

b) Ojo saltaba en mañana por.

c) Lámpara mi compró ayer nuevo.

d) Las conferencias del congreso resultaron muy interesantes.

Completa la definición de oración:

Una **oración** es _____.

Sus componentes principales son _____.

De las secuencias anteriores, ¿cuáles son oraciones?: _____

12

En las siguientes oraciones, subraya de color rojo el sujeto y de color azul el predicado:

Las abejas fabrican la miel en las colmenas.

Los antiguos griegos tenían muchos dioses.

Las cigüeñas han construido sus nidos en la catedral.

Las plantas del jardín han crecido mucho.

Las nubes grises tapaban el sol.

Gabriela vive en Las Palmas.

La explosión causó varias víctimas.

Observa estas secuencias:

El perro no estaba en la caseta.

Las uvas estaban demasiado verdes.

El barco atracó en el puerto.

Completa la definición de sujeto:

El **sujeto** es _____

_____ .

3

Escribe un sujeto para los siguientes predicados:

_____ se despidieron con mucha tristeza.

_____ no olvidan las afrentas recibidas.

_____ buscaron el barco hundido sin mucho éxito.

_____ llegaron muy tarde al lugar del accidente.

Observa estas secuencias:

No olvides tus deberes.

No conseguí tu número de teléfono.

Completa la definición de complemento directo:

El **complemento directo** es _____

_____. Si lo eliminamos o anteponemos al verbo aparece _____

_____. Lleva preposición cuando _____ .

4

En las siguientes oraciones, subraya el complemento directo:

Los bandidos atacaban a los caminantes.

No escuchó mi consejo.

El escritor me ha dedicado su libro.

No oigo bien la canción.

REPASA

23

Observa estas secuencias:

Siempre piensa en los demás.
Se avergonzó de su estado.
No me olvidaré de sus consejos.

15 Completa la definición de complemento preposicional:

El **complemento preposicional** es _____

_____. Si lo eliminamos, siempre deja como referente

_____.

Escribe tres oraciones que lleven complemento preposicional:

_____.

_____.

_____.

Observa estas secuencias:

El juez leyó la sentencia al acusado.
La azafata sirvió el desayuno a los viajeros.
Entregué las notas a los alumnos.

Completa la definición de complemento indirecto:

El **complemento indirecto** es _____

_____. Si lo eliminamos o anteponemos al

verbo deja como marca _____.

REPASA

6 En las siguientes oraciones, sustituye el complemento (directo o indirecto) por el pronombre correspondiente:

Dio un manotazo a la mosca.   _____

No encontró una respuesta.   _____

El torero dedicó la faena al tendido.   _____

Entregó sus armas al agente.   _____

Llamó a su amigo.   _____

Observa estas secuencias:

Esta tarde iré al cine con mi amigo.
Vive en la casa del valle.

Completa la definición de complementos circunstanciales:

Los **complementos circunstanciales** son _____

_____. Si los eliminamos _____

_____.

7 Reescribe estas siguientes oraciones, cambiando de lugar los complementos circunstanciales:

Ató al perro con la cadena.

_____.

Por tu culpa no viajaré en barco.

_____.

Construiré una caseta para el perro en el jardín.

_____.

REPASA

18 Todas las oraciones que aparecen en este ejercicio tienen un complemento precedido de la preposición *a*. Di qué tipo de complemento es: directo, preposicional, indirecto o circunstancial.

Este niño se parece a su padre _____

El asesino conocía a sus víctimas _____

Esta tarde viajaré a Madrid _____

He puesto veneno a los ratones _____

Volveré a las cinco _____

Observa estas secuencias:

Es muy feliz.
Parece agotado.
Esta casa está destrozada.

Completa la definición de atributo:

El **atributo** _____

_____. Concuerda en género y número con _____

Si lo eliminamos _____.

19 Escribe cuatro oraciones con verbos copulativos:

_____

_____

_____

_____

REPASA

UNIDAD 2

El sustantivo

El **sustantivo** es una de las palabras más importantes, porque es capaz de desarrollar un buen número de funciones dentro de la oración.

Observa las siguientes palabras:

pereza	*Mariano*	*olvido*
cajas	*luz*	*jilguero*
manzana	*destreza*	*farmacia*

Todas hacen referencia a realidades que conocemos. Algunas de esas realidades son concretas y palpables y otras son inconcretas, intangibles. También observamos que algunas aluden a un solo elemento y otras a varios, y que, si tuviésemos que acompañarlas de un adjetivo, unas lo llevarían en género femenino y otras en género masculino. Estas palabras son **sustantivos** o nombres.

Los **sustantivos** son palabras que utilizamos para designar a los seres, tanto materiales como inmateriales. Son variables porque pueden presentar variaciones de género y número.

En el tema anterior, pudimos comprobar que el sustantivo puede desempeñar cualquier función dentro de la oración, bien solo, como ocurre en la función de sujeto, o bien en algunos complementos directos y en el atributo:

El decorador elaboró un buen proyecto.
sujeto   c. directo

Mi hija es médico.
atributo

o precedido de preposición en el resto de funciones:

REGLAS GRAMATICALES

El mafioso ha sobornado <u>a los miembros del jurado</u>.

c. directo de persona

Nunca se preocupó <u>de su familia</u>.

c. preposicional

El dentista extrajo la muela <u>a su paciente</u>.

c. indirecto

El pan está <u>en la nevera</u>.

c. circunstancial

Pero, además, en la categoría gramatical de los sustantivos se pueden establecer diversas clasificacio teniendo en cuenta no los diferentes contextos en los que aparecen según las funciones que desarrolla sino los seres, **animados** o **inanimados,** a los que hacen referencia. Serán animados si tienen vida inanimados si carecen de ella.

Clasificación de los sustantivos

Los sustantivos se dividen en **comunes y propios.**

Observa los siguientes sustantivos:

Carmen	*Ebro*	*Berlín*
mujer	*río*	*ciudad*

Si de entre todas las ciudades elegimos *Berlín*, no hablamos de una ciudad cualquiera, nos estam refiriendo a la capital de Alemania. Lo mismo ocurre con *Carmen* o *Ebro*: si tuviésemos ante nosotro todas las mujeres, o todos los ríos, estaríamos seleccionando uno en concreto. Ésta es la función de l nombres propios.

No ocurre lo mismo con los nombres comunes: *mujer* designa a todas las personas del sexo femenir *río*, a todas las corrientes caudalosas de agua que desembocan en otra mayor o en el mar, y *ciudad*, general, a ciertos espacios geográficos de población numerosa.

Los nombres propios

En el apartado anterior, pusimos como ejemplo de nombres propios *Carmen, Berlín* y *Ebro.*

> **L**os sustantivos o nombres propios individualizan el ser,
> animado o inanimado, que designan, es decir,
> lo distinguen del resto de elementos de su misma clase.
> Se escriben con mayúscula inicial.

Se clasifican en:

- **Antropónimos:** hacen referencia a personas, o animales o cosas considerados como personas (*Carmen, Lucas, Platero*).
- **Topónimos:** o nombre propios de lugar (*Ebro, Berlín, Everest*).
- **Patronímicos:** o apellidos (López, Maradona, Cervantes).

Escribe:

tres antropónimos:

_____   _____   _____

tres topónimos:

_____   _____   _____

tres patronímicos:

_____   _____   _____

REGLAS **G**RAMATICALES

El sustantivo UNIDAD 2

Los nombres comunes

Mujer, río y *ciudad* son ejemplos de **nombres comunes**.

> **L**os sustantivos o nombres comunes designan un objeto
> o un conjunto de objetos sin individualizarlos.

Los nombres comunes, según la realidad a la que se refieran, se clasifican en **abstractos** y **concretos**.

Fíjate en estos sustantivos:

grandeza	*libro*	*agua*
aceite	*prudencia*	*pie*

Algunos de estos sustantivos representan cosas reales que tenemos ante nuestros ojos o al alcance
nuestra mano (*libro, aceite, pie, agua*); son los sustantivos concretos. Otros, sin embargo, sabemos e
existen pero no hacen referencia a algo real, a algo que podamos tocar, ver, oler... (*grande.
prudencia*); son los sustantivos abstractos.

> **L**os sustantivos abstractos son aquellos que designan
> cualidades o sentimientos de los seres.
> Los sustantivos concretos hacen referencia a cosas reales.

2 En la siguiente lista de sustantivos, pon A o C según consideres que son abstract
o concretos:

lámpara	_____	lástima	_____	disco	_____
pereza	_____	modestia	_____	amistad	_____
calabaza	_____	papel	_____	seta	_____
tren	_____	vino	_____	caja	_____

REGLAS **G**RAMATICALES

Hasta aquí se ha hecho una clasificación de los sustantivos comunes teniendo en cuenta su significado. La clasificación se puede completar si nos centramos en el **género** y en el **número** que pueden presentar los sustantivos.

El género

Para distinguir el género de un sustantivo, normalmente tomamos como referencia su terminación.

Fíjate bien:

cama	*perro*	*estufa*	*garbanzo*
actor	*puerta*	*eslabón*	*látigo*

> **T**eniendo en cuenta el género, los sustantivos se dividen en masculinos y femeninos. En general, puede decirse que las palabras terminadas en **-a** son femeninas y las que terminan en **-o** o no tienen vocal final son masculinas.

Sin embargo, hay bastantes sustantivos masculinos terminados en *-a* (*día, pentagrama, fantasma*) y bastantes femeninos acabados en *-o* o en consonante (*mano, radio, pared, cárcel*).

Aunque muchos sustantivos no pueden cambiar de género: son siempre masculinos (*látigo, garbanzo, eslabón*) o siempre femeninos (*cama, puerta, estufa, silla, esfera*), la mayoría admite la variación de género. ¿Cómo se convierte un sustantivo masculino en femenino?

- Cambiando la **-o** final por **-a**: *perro/perra, dueño/dueña, amigo/amiga*.

- Añadiendo **-a** a la terminación del masculino: *león/leona, pastor/pastora, lector/lectora*.

- Añadiendo **-esa**, **-ina**, **-isa** al masculino: *abad/abadesa, héroe/heroína, poeta/poetisa*.

- Cambiando la terminación **-or** del masculino por **-triz**: *actor/actriz*.

- Adoptando una **palabra diferente** para el femenino: *macho/hembra, toro/vaca, hombre/mujer*.

REGLAS GRAMATICALES

3   Forma el femenino de las siguientes palabras:

niño _____	emperador _____	zar _____
presentador _____	caballo _____	alcalde _____
panadero _____	padre _____	carnero _____
conde _____	sacerdote _____	señor _____

Fíjate bien:

el / la testigo   *el / la fiscal*

el / la consorte   *el / la cónyuge*

el / la mártir   *el / la artista*

el / la suicida   *el / la intérprete*

> **L**os sustantivos comunes **en cuanto al género son aquellos en los que solo el artículo o el adjetivo que pueda acompañarles determina su género porque presentan idéntica forma para el masculino y el femenino.**

Presta atención:

la lombriz (macho y hembra)   *la criatura (macho y hembra)*

la perdiz (macho y hembra)   *el monarca (hombre y mujer)*

la hormiga (macho y hembra)   *el milano (macho y hembra)*

> **L**os sustantivos epicenos **son aquellos que utilizan la misma forma (masculina o femenina) para hacer referencia a ambos sexos**

Fíjate bien:

el mar / la mar   *el calor / la calor*

> **L**os sustantivos ambiguos **son aquellos que admiten los dos géneros sin sufrir modificaciones en su significado.**

Sin embargo, fíjate bien en estos sustantivos:

jarro / jarra   *río / ría*   *ventano / ventana*

anillo / anilla   *barco / barca*   *cesto / cesta*

Algunos sustantivos presentan la misma forma para ambos géneros, pero utilizan la diferencia entre masculino y femenino para expresar diferencias de tamaño: la ría es menor que el río, la barca es menor que el barco, el anillo es más pequeño que la anilla, etc. Y también se utilizan estas diferencias para hacer referencia al árbol y su fruto: *manzano/manzana, castaño/castaña*.

Como hay ocasiones en que no se aplica bien el género de los sustantivos, a continuación presentamos una lista de sustantivos que pueden ofrecer dudas:

MASCULINO	FEMENINO
aceite	*apócope*
alambre	*apoteosis*
Apocalipsis	*ave*
arroz	*desazón*
avestruz	*hambre*
color	*harina*
énfasis	*hemorroide*
puente	*mugre*
pus	*parálisis*
vinagre	*sartén*

REGLAS GRAMATICALES

4   Todos los sustantivos que aquí aparecen han sido utilizados en la explicación sob
el género. Búscalos y di si son comunes respecto al género, epicenos o ambiguos:

calor   _____

perdiz   _____

cónyuge   _____

milano   _____

monarca   _____

mártir   _____

suicida   _____

El número

Los sustantivos, normalmente, presentan variación de número y éste puede ser **singular** y **plural**.

Fíjate bien:

cruz / cruces
castigo / castigos
cartel / carteles

El número singular **designa un objeto o individuo y el número**
plural **hace referencia a varios. La regla general dice
que el plural se forma añadiendo *-s* o *-es* al singular.
Sin embargo, es preciso hacer ciertas puntualizaciones:**

REGLAS GRAMATICALES

• Los sustantivos que acaban en **vocal átona** forman el plural añadiendo -**s**: *labio/labios, sueño/sueños,* *cuerno/cuernos.*

• Los sustantivos terminados en **vocal tónica** presentan alternancia entre -**s** (*sofá/sofás, café/cafés,* *canesú/canesús*) y -**cs** (*iraní/iraníes, rubí/rubíes*). Incluso hay sustantivos que pueden presentar dos plurales (*jabalí/jabalíes/jabalís, alhelí/alhelíes/alhelís*).

• Los sustantivos cuyo singular termina en consonante que **no** sea -**s** forman el plural añadiendo -**es**: *caracol/caracoles, amor/amores.* Sin embargo, presta atención:

vez	*veces*
coz	*coces*
buey	*bueyes*
jersey	*jerséis*
el tórax	*los tórax*

• Los sustantivos que acaban en -**z** forman su plural cambiando **z** por **c** y añadiendo -**es**.

• Los sustantivos terminados en -**y** suelen añadir -**es** y algunos cambian la **y** por **i** .

• Los sustantivos con singular acabado en -**x** son **invariables** en cuanto al número, es decir, sólo tienen una forma y sabremos su número por el artículo o el adjetivo.

• Los sustantivos terminados en -**s** pueden dividirse en dos grupos:

-Las **palabras agudas**, incluidos los monosílabos, forman el plural añadiendo -**es** al singular: *(compás/compases, ciprés/cipreses).*

-Los sustantivos que **no** son **agudos** no presentan distinción entre el singular y el plural y el número sólo se conoce por el artículo o el adjetivo (*la crisis/las crisis, el lunes/los lunes*).

Mira estos sustantivos:

tez	*sed*	*salud*

¿Verdad que nunca has oído *las teces* o *las saludes*? Hay ciertos sustantivos que sólo aparecen en singular. Se llaman **singularia tantum**.

En caso contrario son:

víveres	*comestibles*	*finanzas*

Son los llamados **pluralia tantum**, sustantivos que sólo pueden aparecen en plural.

Reglas Gramaticales

Los sustantivos compuestos forman el plural siguiendo las reglas explicadas en los anteriores apartados:

el aguardiente / los aguardientes
el autorretrato / los autorretratos
la sordomuda / las sordomudas

5   Construye el plural de los siguientes sustantivos:

pez	_____	cárcel	_____
gorrión	_____	candela	_____
barniz	_____	bocacalle	_____
champú	_____	antítesis	_____
moscón	_____	altavoz	_____

El artículo

El tratamiento del artículo no es el mismo para todos los estudiosos de la lengua. Nosotros lo trataremo en este tema porque lo vamos a considerar como un accidente más del sustantivo, con un comportamiento similar al género y el número, aunque se escriba separado. Además, solo vamos considerar como artículos los tradicionalmente llamados artículos determinados o definidos.

Fíjate en estas secuencias:

Voy a comprar una casa   *Voy a comprar la casa*
El secretario presentó informes   *El secretario presentó los informes*

En las oraciones situadas en la parte izquierda, los sustantivos *casa* e *informes* no aparecen concretado no sabemos qué casa va a ser comprada ni tampoco de qué informes se nos habla. Sin embargo, en la oraciones de la derecha, disponemos de más información, porque el decir *la casa* o *los informes* implic que estamos hablando de una casa conocida o de unos informes concretos. Esa es la misión del **artículo**

REGLAS GRAMATICALES

El **artículo** es una palabra variable que acompaña al sustantivo para especificarlo y delimitarlo. Sus formas son: *el, la, lo, los, las*. Concuerda cn género y número con el sustantivo.

El artículo neutro **lo** se llama neutro porque no se combina con sustantivos masculinos o femeninos sino que suele anteponerse a otras unidades: *lo bello, lo de ayer, lo que me hiciste.*

Si el artículo *el* va precedido de las preposiciones *a* o *de* se producen las contracciones *al* y *del*:

> *Venimos del mercado*   *Fuimos al cine*

Aunque estas contracciones no se dan cuando el artículo forma parte de un nombre propio:

> *Venimos de El Cairo*   *El coche se dirigía a El Ejido*

Cuando hay dos sustantivos unidos por medio de una conjunción, pueden agruparse con un solo artículo:

> *la entrega y dedicación*

Si los dos sustantivos son del mismo género, no hay problema, pero, ¿qué artículo aparecerá si cada uno de estos sustantivos presenta un género diferente? Se suele optar por el género del primer sustantivo:

> *los alumnos y alumnas*   *las penas y sufrimientos.*

Mención especial merecen los sustantivos femeninos en singular que empiezan por *a-* o *ha-* tónicas. Observa:

> *el alma*   *el hacha*   *el agua*

Estamos ante sustantivos femeninos precedidos de la forma masculina del artículo. Esta es una concordancia peculiar que adopta la lengua para evitar las secuencias: **la alma, *la hacha* o **la agua.*

REGLAS GRAMATICALES

6 Escribe seis sustantivos femeninos que deban llevar el artículo *el*:

el _____   el _____

el _____   el _____

el _____   el _____

Fíjate bien:

la Matilde	*el Duero*	*El Cairo*
El Salvador	*el Princesa Sofía*	*la Camilo José Cela*
la Pantoja	*Julián López, el Juli*	*el Joaquín del Betis*
la Camilo J. Cela	*la India*	*La Bañeza*

> # Con los nombres propios de persona, se considera vulgar el uso de artículo.

Aunque sí está permitido cuando:

- el nombre propio va seguido de un adyacente: *el Joaquín del Betis*.

- el artículo precede al apellido de un personaje famoso: *la Pantoja*.

- el artículo introduce un apodo: *Julián López, el Juli*.

- designan un organismo, un edificio, una entidad, etc. En estos casos, el artículo concuerda con sustantivo común que se ha suprimido: *el (museo) Reina Sofía, la (universidad) Camilo José Cela*.

Algunos nombres propios de lugar llevan artículo como parte del nombre; en estos casos, el artículo s escribe con mayúscula: *El Cairo, La Bañeza*. En otros, en cambio, el uso del artículo es opcional y, si s pone, se escribirá con minúscula: *la Argentina, la India*.

Como ocurría con los nombres propios de persona, los topónimos pueden ir precedidos de artículo van acompañados de un adjetivo o un adyacente nominal. ¿Y con qué forma del artículo se debe concordar estos sustantivos? Si el sustantivo termina en *a* átona se optará por *la* (*la Barcelona moderne la Suiza turística, la Rusia de los zares*). En cambio, se utilizará *el* si el topónimo acaba en *a* tónica consonante (*el Madrid actual, el Berlín de posguerra, el París romántico*).

REGLAS GRAMATICALES

Escribe el artículo correspondiente. ¡Ten cuidado! Algunos sustantivos de los que aparecen en esta lista no pueden llevar artículo.

_____ vida y milagros

_____ antigua Yugoslavia

_____ hambre

_____ Haya

_____ aire

_____ Antonio

_____ penas y alegrías

_____ amigos

_____ Perú

_____ alga

_____ casilla

Sergio García _____ Niño

_____ olivos

_____ oca

_____ Javier

_____ León gótico

_____ alimañas

_____ Meca

_____ Raúl del Madrid

_____ bahía

_____ Dalí

_____ García Márquez

_____ Encarna

_____ (estadio) Vicente Calderón

_____ asta

Francisco Martínez, _____ As

_____ Palmas

_____ cangrejo

_____ Roma clásica

_____ alma

_____ coros y danzas

_____ archivo

_____ hada

_____ París del siglo XX

_____ Salvador

_____ ratón

_____ Pilar

_____ pros y contras

_____ ansia

_____ orfebre

_____ balones

_____ libros y carpetas

PRACTICA

Observa estas secuencias:

camino	*memoria*	*cánticos*
calles	*cuerpo*	*salto*

Completa la definición de sustantivo:

Un **sustantivo** es _____

_____ .

8

Escribe seis sustantivos que representen a seres animados y otros cinco que representen a seres inanimados:

animado: _____ _____ _____ .

_____ _____ _____ .

inanimado: _____ _____ _____ .

_____ _____ _____ .

Observa estas secuencias:

Lola	*López*	*Barcelona*
Tintín	*Furia*	*Asia*

9

Completa la definición de nombre propio:

Los **nombres propios** _____

_____ .

Se clasifican en: _____

_____

_____

REPASA

En el siguiente texto, subraya todos los nombres propios que encuentres:

Aquel día no había sido muy agradable para Elisa. Sus parientes de Madrid habían decidido darle una sorpresa y le habían regalado un periquito al que llamaban Francisco, como homenaje al abuelo, Francisco Hidalgo. Ahora Elisa no sabía qué hacer con el dichoso pájaro porque ella se iba de vacaciones a Egipto al día siguiente.

Observa estas secuencias:

consuelo	*catarro*	*inquietud*
zapato	*flor*	*antena*

Completa la definición de nombre común:

Los **nombres comunes** _____
_____. Pueden ser:_____
y _____.

Completa las siguientes oraciones añadiendo nombres comunes:

Los domingos, paseábamos por el _____ que lleva a la antigua _____.

Compró unos cuantos _____ para regalárselos a su _____.

Algunas veces, pensaba dejar el _____ pero no tenía _____.

Le dolía el _____ porque había comido demasiada _____.

Observa estas secuencias:

gato	*gata*
alcalde	*alcaldesa*

Según el género, los sustantivos se dividen en _____ y _____.
Los _____ suelen terminar en _____ y los _____
suelen terminar en _____.

REPASA

12 Pon **M** a los sustantivos masculinos y **F** a los sustantivos femeninos

cámara _____   siesta _____   carnaval _____

mariposa _____   mano _____   seta _____

vinagre _____   sartén _____   día _____

Observa estas secuencias:

lince   linces
luz   luces

El **número singular** designa _____.

El **número plural** designa _____.

La regla general dice _____.

13 Forma el plural de los siguientes sustantivos:

albornoz _____   almuerzo _____   buey _____

tos _____   cárcel _____   martes _____

corazón _____   sofá _____   maíz _____

Observa estas secuencias:

el marfil   la causa
los dinteles   las camisas

Completa la definición de artículo:

El **artículo** es _____

_____

_____.

UNIDAD 3

Los pronombres personales

La lengua dispone de los **pronombres personales** para representar a las personas que intervienen en un diálogo y también para poder aludir a la persona o tema de que se habla.

Observa:

Él corre por el monte

Vosotras os parecéis bastante

Te he visto

Nosotros comeremos pasta

Nos han regalado un reloj

Este puesto es para mí

Hasta ahora hemos visto que el sustantivo podía desempeñar la mayoría de funciones dentro de la oración: sujeto, complemento directo, complemento preposicional, complemento indirecto, complemento circunstancial… En estas oraciones podemos comprobar que esas mismas funciones son desarrolladas por unas palabras que no son sustantivos pero que se comportan como tales; son los **pronombres personales**.

Los pronombres personales **son una parte variable de la oración que hace referencia a las tres personas gramaticales.**
Con la primera persona el hablante se refiere a sí mismo; con la segunda, el hablante señala a la persona que escucha u oyente; y con la tercera se designa a los seres animados o cosas sobre los que se dice algo.

Entre los pronombres personales, hay **formas tónicas**, que son las que, de forma aislada, pueden desempeñar una función en la oración, y **las formas átonas**, que dependen de un verbo.

REGLAS GRAMATICALES

Los pronombres personales

En el siguiente cuadro se recogen las formas de los pronombres personales:

		Formas tónicas	Formas átonas
1ª persona	singular	yo, mí, conmigo	me
	plural	nosotros, nosotras	nos
2ª persona	singular	tú, ti, contigo, usted, vos	te
	plural	vosotros, vosotras, ustedes	os
3ª persona	singular	él, ella, ello, sí, consigo	le, la, lo, se
	plural	ellos, ellas, sí, consigo	los, les, las, se

Formas tónicas

Fíjate bien:

Comimos demasiado   *Yo no juego*   *Tú eres culpable*
Ustedes ya lo saben   *Jugáis muy mal*   *Él no viene*

En estas oraciones, el pronombre personal funciona como sujeto. Esta función sólo puede s desempeñada por las formas **yo, tú, usted, vos, él, ella, ella, ello, nosotros, nosotras, vosotr vosotras, ustedes, ellos, ellas**. Normalmente, en estos contextos, el pronombre sujeto no sue aparecer porque el verbo, como veremos, contiene información sobre cuál de las tres person gramaticales es el sujeto. Así, en *Comimos demasiado*, aunque no aparece el pronombre *nosotr* sabemos que éste es el sujeto. A veces, se pone el pronombre intencionadamente para dar mayor énfas

REGLAS GRAMATICALES

Yo no pienso lo mismo.
Tú eres un entrometido. interference

para oponer una persona a otra:

Yo no pienso ceder; vosotros haced lo que queráis.
Él tiene muy claro su futuro; ella, no tanto.

o cuando la forma verbal puede provocar confusión:

Lo más importante es que apruebe (¿yo?, ¿él?, ¿ella?)
Hacía el papel de malo como nadie (¿yo?, ¿él?)

Inventa tres oraciones en las que la forma verbal pueda corresponderse con más de un pronombre personal:

_____.

_____.

_____.

Fíjate bien:

Ello no impide que se haya tomado esta resolución.
No me quedaba dinero; por ello, no pude llamarte.

***E**llo* **es un pronombre personal neutro y tiene un uso bastante escaso. Como sujeto se utiliza casi exclusivamente en la lengua escrita.**

En la lengua hablada se sustituye casi siempre por *eso.*

REGLAS GRAMATICALES

Fíjate bien:

> *Vos sós muy valiente*
>
> *¿Vos os sentís bien?*

La forma ***vos*** existía en España en la Edad Media. Se utilizaba como fórmula de cortesía frente a Sin embargo, para esta fórmula de cortesía se utilizó posteriormente *usted, ustedes* (que provenía *Vuestra Merced*) y *vos* pasó a identificarse con *tú*, desapareciendo en España, pero no Hispanoamérica, donde se produce el *voseo*.

> **E**l voseo consiste en utilizar el pronombre personal *vos* en lugar del pronombre personal *tú*. Es frecuente en gran parte de Hispanoamérica como tratamiento de confianza.

Como se ha visto, **usted** y **ustedes** son empleados por el hablante para dirigirse al oyente con respet cortesía; por lo tanto, serían pronombres personales de segunda persona. Sin embargo, gramaticalme se comportan como pronombres personales de tercera persona y así concuerdan con el verbo:

> *¿Ustedes podrían decirme por dónde se va a la catedral?*
>
> *Usted ha sido como un padre para mí.*

En zonas de Andalucía, Canarias e Hispanoamérica, las formas plurales *vosotros, vosotras* han si sustituidas por *ustedes*.

Fíjate bien:

La corbata es para mí	*Ha venido contigo*	*Ha traído a su perro consigo*
Juega conmigo	*Lo he hecho por ti*	*Se lo ha guardado para sí*

Las formas ***mí***, ***ti***, ***sí*** siempre van precedidas de preposición y, si esta preposición es *con*, se produce u fusión que da como resultado *conmigo*, *contigo* y *consigo*.

REGLAS GRAMATICALES

Completa con la forma del pronombre personal que corresponda:

Cada día, _____ _____ nos acercábamos al río para ver las truchas.

_____ no puedo soportar esta situación más tiempo.

¿Podría _____ decirme la hora, por favor?

¿Cuándo iréis _____ de excursión?

Formas átonas

Las formas átonas de los pronombres personales son: *me*, *te*, *se*, *nos*, *os*, *lo*, *la*, *le*, *los*, *las*, *les*. Estas formas aparecen regidas por el verbo y pueden colocarse delante o detrás de éste. Hay ciertas normas:

Presta atención:

Hablémonos claro   *Sintiéndolo tan cerca, se puso nervioso*

Alquilarlo me parece mejor   *Escondedlo*

Dímelo   *Callaos, por favor*

Los pronombres personales átonos se escriben detrás del verbo cuando éste está en infinitivo, gerundio, imperativo y subjuntivo con valor imperativo. El pronombre aparece unido al verbo formando una sola palabra.

- El **imperativo** pierde la *-d* final cuando el pronombre *os* se une a él (excepto *idos*, imperativo del verbo *ir*).

- Ante el pronombre personal *nos*, la primera persona del plural del **presente de subjuntivo** pierde la *-s* final.

REGLAS GRAMATICALES

Fíjate bien:

Me ha visto	*Os esperamos*	*Ya la he olvidado*
Lo conozco bien	*Le peinó*	*Te ha denunciado*
Te espero	*Lo supuse*	*La dejé en casa*

> **E**n el resto de contextos, los pronombres personales átonos se colocan delante del verbo y se escribe separado de él.

3 Subraya los pronombres personales que encuentres en este texto:

No me acordé de que tenía que recogerte en la estación. Lo olvidé por completo. Por ello, enfadaste conmigo y no quisiste hablarme. Mis amigos te habían avisado: "Con él nunca se sabe". Ellos, a mí, me conocen bien.

Observa estas oraciones:

Inés recoge la mesa	*Tejí una bufanda a María*	*Regalé un perfume a Carlos*
Inés la recoge	*Le tejí una bufanda*	*Se lo regalé*

Cuando estudiamos la oración, ya vimos que, si el complemento directo y el complemento indirecto anteponen al verbo o se omiten, siempre aparecen ciertas formas de los pronombres personal Recordemós cuáles son:

Complemento directo: *lo, la, los, las* .
Complemento indirecto: *le, les* .

Recuerda también que, si en una misma oración aparecen juntos *lo, la, los, las* y *le* o *les*, estos últimos transformaban en *se* (*Se la regalé*).

Además, el pronombre *lo* también funcionaba como referente del atributo (*Eres demasiado curiosa. eres*).

Hasta aquí la cuestión parece sencilla, pero la mala utilización de estas formas pronominales da luga ciertas incorrecciones gramaticales conocidas como **leísmo**, **laísmo** y **loísmo**.

REGLAS GRAMATICALES

[handwritten: naufragar = to sink / naufragio = shipwreck]

Leísmo

El leísmo consiste en el uso de los pronombres *le* y *les* en lugar de *lo, la, los, las*.

Podemos diferenciar varios casos de leísmo:

-Uso de *le* como complemento directo de persona en género masculino y número singular:

He conocido a tu novio ⟶ *Le he conocido*

Éste es el único caso de leísmo aceptado por la RAE (Real Academia Española), que se basa en que la aparición de *le* en este contexto es frecuente en la tradición literaria española y además está extendida en la actualidad en amplias zonas de España y América.

-Uso de *les* como complemento directo de persona en género masculino y número plural. Es muy frecuente en la lengua hablada pero no es aceptado en la norma general:

[handwritten: rescatar = to save, rescue, recover]

Han rescatado a los náufragos ⟶ **Les han rescatado*

-Uso de *le, les* como complemento directo de personas en género femenino y número singular o plural. Es totalmente incorrecto y, por supuesto, no aceptado por la RAE:

[handwritten: pasajeros = passengers]

¿Has molestado a la profesora? ⟶ **No le he molestado.*
El pasajero llamó a las azafatas ⟶ **Les llamó.*

[handwritten: azafatas = air stewardess]

-Uso de *le, les* como complemento directo de cosa en género masculino o femenino y número singular o plural (no aceptado por la RAE):

¿Has recogido los juguetes? ⟶ **Sí, les he recogido.*
¿No has enviado las cartas? ⟶ **No, no les he enviado.*
Pinté la mariposa de papel. ⟶ **Le pinté.*

REGLAS GRAMATICALES

49

4 Sustituye correctamente el complemento directo por el pronombre person
correspondiente:

Cuando la casa se inundó, llamaron a la vecina.

_____.

No has hecho los deberes porque eres muy vago.

_____.

Insultaron al ministro a la salida del congreso.

_____.

Me gusta vestir las muñecas.

_____.

Un perturbado molestaba a las modelos.

_____.

Laísmo

El laísmo consiste en utilizar los pronombres *la* y *las*
en lugar de *le, les*, es decir, usar los
pronombres de complemento directo femenino donde
deben aparecer los de complemento indirecto.

Puede aparecer el laísmo con verbos transitivos, es decir, aquellos que llevan complemento directo:

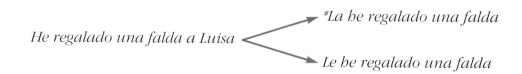

He regalado una falda a Luisa

*La he regalado una falda

Le he regalado una falda

REGLAS GRAMATICALES

pero también con verbos intransitivos:

Mis notas agradaron mucho a mi madre

*Mis notas la agradaron mucho

Mis notas le agradaron mucho

El laísmo no está aceptado por la RAE.

Loísmo

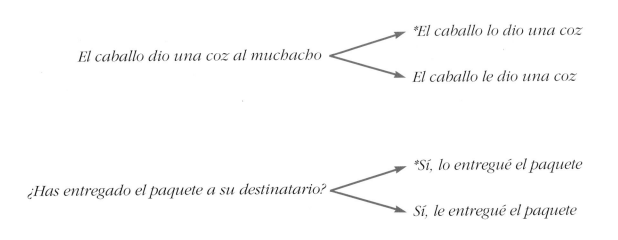

El **loísmo** consiste en utilizar los pronombres personales *lo* y *los* en lugar de *le, les*, es decir, usar los pronombres de complemento directo masculino donde deben aparecer los de complemento indirecto.

El caballo dio una coz al muchacho

*El caballo lo dio una coz

El caballo le dio una coz

¿Has entregado el paquete a su destinatario?

*Sí, lo entregué el paquete

Sí, le entregué el paquete

El loísmo tampoco está aceptado por la RAE.

REGLAS GRAMATICALES

5   Completa las siguientes oraciones con *lo, la, los, las, le, les, se*:

¿Has dado agua a los camellos? Sí, _____ he dado agua.

Los alumnos regalaron un ramo de flores a su profesora. Los alumnos _____ _____ regalaron.

Acabo de comer un cocido. Acabo de comer_____.

Han agradecido mis servicios. _____ han agradecido.

Han ascendido a la secretaria nueva. _____ han ascendido.

El médico de guardia atendió al enfermo. El médico de guardia _____ atendió.

El apicultor cuida las colmenas. El apicultor _____ cuida.

El técnico ha arreglado la lavadora. El técnico _____ ha arreglado.

El director ofreció un ascenso a dos de sus empleados. _____ _____ ofreció.

Acércame la sal. Acércame_____.

Por fin han pagado la pensión a los jubilados. Por fin _____ _____ han pagado.

No reconocen mis méritos. No me _____ reconocen.

Castigaron a los culpables. _____ castigaron.

Preséntame a tu hija. Preséntame_____

Observa estas oraciones:

Yo no canto bien   *Espérame*

Ven conmigo   *Tú decides*

Completa la definición:

Los **pronombres personales** son _____

_____

_____.

Escribe los pronombres personales de:

Primera persona: _

Segunda persona: _

Tercera persona: _

Observa estas oraciones:

Vos sos un canalla   *¿Vos cantáis el tango?*

Completa la definición:

El **voseo** es _____

_____.

En España, para el tratamiento de cortesía, *vos* se ha sustituido por _____.

Escribe una oración con **usted** y otra con **ustedes**:

_____

_____

REPASA

Observa estas secuencias:

Callaos   *Prefiero esperarle*

Lo recordaré   *¿No me escuchas?*

Responde a la siguiente cuestión:

¿Cómo se colocan los pronombres personales átonos? _____

_____

_____.

8

Realiza las siguientes sumas:

recordemos + nos = _____

marchad + os = _____

escuchad + me = _____

escondamos + nos = _____

sentad + os = _____

Observa estas secuencias:

¿Reconoces a ese hombre? Le reconozco.

*¿Estudiaste los temas? *Sí, les estudié.*

*¿Has visto a María? *Sí, le vi.*

Completa la definición:

El **leísmo es** _____

_____.

Di si las siguientes oraciones son correctas (**C**) o incorrectas (**I**):

¿Ya has disfrutado tus vacaciones? Sí, les he disfrutado en agosto. _____

¿Todavía no han operado al paciente? No, no le han operado aún. _____

Dicen que ha habido un terremoto pero yo no le sentido. _____

¿Has cancelado tus compromisos? Sí, les he cancelado. _____

Observa estas secuencias:

¿Entregaste la carta al cartero? No, no le entregué la carta.
¿Has comprado los libros a tu hija? *Sí, la he comprado los libros.

¿De verdad has cedido los derechos a la empresa? Sí, les he cedido los derechos.
¿Tu hijo ha dado una patada al mío? *No, no lo dio una patada.

Completa la definición:

El **laísmo** es _____

_____.

Y el **loísmo** es _____

_____.

Di si las siguientes oraciones son correctas (**C**) o incorrectas (**I**):

¿Vas a entregar los informes al jefe? Sí, lo entregaré los informes. _____

¿El cantante le firmó el autógrafo a María? Sí, la firmó un autógrafo. _____

Le han dado el premio al mejor actor. Sí, se lo han dado. _____

¿Han robado la cartera a la anciana? No, le han robado el bolso. _____

¿Ronaldinho entregó el balón a Víctor? No, le entregó el balón a Xavi. _____

REPASA

UNIDAD 4

El adjetivo

Gracias al adjetivo podemos conocer ampliar y concretar la información que nos ofrecen los sustantivos.

Presta atención a las siguientes secuencias:

libro antiguo   *casas rústicas*   *tres mosqueteros*

aquel paisaje   *blanca nieve*   *mis lápices*

En todas ellas tenemos un sustantivo acompañado de otra palabra que nos ofrece más informaci... acerca del sustantivo, bien sea para expresar una cualidad (*libro antiguo, casa rústica, blanca nieve*), cantidad (*tres mosqueteros*), su ubicación (*aquel paisaje*) o su pertenencia (*mis lápices*). Estas palabras llaman **adjetivos**.

El **adjetivo** es una parte de la oración que califica o determina al sustantivo. Los adjetivos se clasifican en **calificativos**, que indican una cualidad del sustantivo (*calle oscura*), y **determinativos**, que precisan la significación del sustantivo sin expresar cualidades (*mi/esa, una... calle*).

Los determinativos incluyen los demostrativos, posesivos, numerales, indefinidos, relativo... interrogativos y exclamativos. Todos ellos los trataremos en capítulos posteriores para centrarnos en és... en el adjetivo calificativo.

Fíjate bien:

la pequeña rana   *la rana pequeña*

REGLAS **G**RAMATICALES

El adjetivo puede aparecer en el mismo sintagma que el sustantivo, funcionando como su adyacente y explicando o especificando su significado. ¿Cuándo decimos que explica y cuándo que especifica? En *la pequeña rana*, el adjetivo no proporciona una información que desconozcamos, simplemente describe una cualidad propia de este animal: las ranas son pequeñas. En este caso, decimos que el adjetivo es explicativo, también llamado epíteto; suele colocarse delante del sustantivo o detrás de él, pero entre comas: *la rana, pequeña,...* Sin embargo, en *la rana pequeña* estamos concretando de qué rana se trata dentro del conjunto al que pertenece, donde habrá ranas más grandes y más pequeñas. Se trata de un adjetivo especificativo y suele aparecer pospuesto al sustantivo.

Los adjetivos calificativos se dividen en:

- **Explicativos** o **epítetos**: describen al sustantivo, se colocan delante del sustantivo, o detrás de él, pero entre comas.

- **Especificativos**: seleccionan un objeto de entre el conjunto al que pertenece; suelen aparecer detrás del sustantivo.

En ciertos casos, la posición del adjetivo puede provocar cambios de significado. Así, no es lo mismo decir *un pobre hombre* (que provoca compasión), que *un hombre pobre* (en difícil situación económica) o *un problema simple* (sencillo), que *un simple problema* (sin demasiado valor).

Fíjate:

un mal momento   *un momento malo*

el primer amor   *el amor primero*

Algunos adjetivos pierden la vocal final cuando se anteponen al sustantivo: *malo, bueno, primero, tercero.* Caso especial es el adjetivo *santo*, que presenta la forma *san* en algunos casos:

San Juan   *San Esteban*

y la forma *santo* en otros:

santo varón   *santo sepulcro*

Santo Toribio   *Santo Tomás*

REGLAS GRAMATICALES

57

El adjetivo

Además de la función de adyacente del sustantivo, el adjetivo puede funcionar como atributo, si construye con verbos copulativos como *ser, estar, parecer, resultar.*

La montaña está nevada   *La fiesta fue divertida*

o de predicativo si aparece con verbos no copulativos:

El peregrino llegó cansado   *Los jugadores acabaron exhaustos*

1   En las siguientes oraciones, ¿qué función desempeña el adjetivo?

Tus excusas me parecen inaceptables.   _____

Siempre me han gustado tus ojos negros.   _____

La carretera estaba helada.   _____

Los testigos acudieron asustados.   _____

Tus reacciones son imprevisibles.   _____

El tren recorrió el oscuro túnel.   _____

Si te fijas bien en las construcciones con adjetivos expuestas hasta ahora, podrás comprobar que adjetivo presenta variaciones de género y número, y que estas variaciones vienen condicionadas por sustantivo del que dependen:

libro antiguo ⟶ *pieza antigua*
casas rústicas ⟶ *molino rústico*
blanca nieve ⟶ *ventanas blancas*

> **E**l adjetivo concuerda en género y número con el sustantivo al que hace referencia.

REGLAS **G**RAMATICALES

El género

Como sucedía con el sustantivo, el adjetivo también puede presentar diferentes terminaciones.

- Muchos adjetivos expresan la variación de género con masculinos terminados en **-o** y femeninos terminados en **-a**:

un niño despierto   *una niña despierta*

- Algunos adjetivos no tienen ninguna vocal que identifique el género en la forma masculina, aunque siguen presentando **-a** en el femenino:

un pintor leonés   *una pintora leonesa*
un hombre seductor   *una mujer seductora*

- Otros adjetivos, sin embargo, solo poseen una forma para masculino y femenino:

un acto solemne   *una misa solemne*
un ejercicio fácil   *una cuestión fácil*

Inventa dos oraciones con cada uno de estos adjetivos; en una combinados con sustantivos en género masculino y en otra, con género femenino:

rosa   enorme   difícil   fiel   sutil

_____   _____
_____   _____
_____   _____
_____   _____
_____   _____

REGLAS GRAMATICALES

El número

Mira estas secuencias:

cama blanda   camas blandas

catedral gótica   catedrales góticas

El adjetivo, como el sustantivo, forma el plural añadiendo
-s o -es a la forma del singular.

Hay algunos adjetivos que son invariables, es decir, presentan la misma forma para singular y plural; s
pocos y, en su mayoría, forman parte del lenguaje coloquial: *isósceles, rubiales, guaperas.*

3 Completa las siguientes oraciones con un adjetivo

Los científicos se mostraron _____ con las nuevas investigaciones.

La pantera _____ es un personaje de dibujos animados.

Las comidas mexicanas son demasiado _____ para mí.

Los atletas llegaron _____.

Los grados del adjetivo

Fíjate bien:

Tu hijo es listísimo   Tu hijo es el más listo de la clase

Tu hijo es menos listo que el mío   Tu hijo es más listo que el mío

REGLAS **G**RAMATICALES

La mayoría de los adjetivos pueden matizar la información que proporcionan expresando mayor intensidad o estableciendo comparaciones. En el primer caso, decimos que el adjetivo está en grado **superlativo**, y en el segundo caso que está en grado **comparativo**.

Grado superlativo

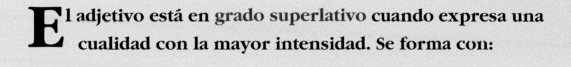

El adjetivo está en grado superlativo cuando expresa una cualidad con la mayor intensidad. Se forma con:

—Adverbios como *muy, absolutamente, totalmente*, etc.:

> *Después de la siesta me encuentro muy cansado.*
> *Tu respuesta ha sido absolutamente inadecuada.*

—El sufijo *-ísimo, -ísima*:

> *La conferencia me ha resultado interesantísima.*
> *El actor ha hecho una correctísima interpretación.*

—El sufijo *-érrimo, -érrima*:

> *Me han presentado a una persona celebérrima.*
> *En estos momentos, es un ser misérrimo.*

Algunos adjetivos presentan, para el grado superlativo, una forma diferente a la que tienen en grado positivo:

bueno ⟶ *óptimo*		*malo* ⟶ *pésimo*	
pequeño ⟶ *mínimo*		*alto* ⟶ *supremo*	
grande ⟶ *máximo*		*bajo* ⟶ *ínfimo*	

REGLAS GRAMATICALES

Aunque no siempre hay correspondencia entre los significados de estos superlativos, porque no es mismo decir *muy bajo* que *mínimo* o *muy grande* que *máximo*.

Estas construcciones con superlativo expresan una cualidad en su mayor grado sin tomar ot elementos como referencia, por eso se llaman superlativos absolutos. Sin embargo, si el adjeti establece el grado de la cualidad teniendo en cuenta otros elementos forma el superlativo relativo. Fíj bien:

> *El chalet de Alejandro es el más grande de la urbanización.*
> *Andrea es la más tímida de la clase.*
> *La jaula de los monos es la menos visitada del zoo.*

4   Escribe una oración con un superlativo absoluto y otra con un superlativo relativo:

_____

_____

Algunos superlativos pueden resultar un poco difíciles. Además, ciertos adjetivos tienen dos superlativ uno culto y otro popular. Esta lista te puede ayudar:

antiguo: antiquísimo	miserable: miserabilísimo
amable: amabilísimo	mísero: misérrimo
benévolo: benevolentísimo	noble: nobilísimo
bueno: bonísimo y buenísimo	notable: notabilísimo
célebre: celebérrimo	nuevo: novísimo y nuevísimo
cierto: certísimo y ciertísimo	pobre: paupérrimo y pobrísimo
cruel: crudelísimo y cruelísimo	probable: probabilísimo
cursi: cursilísimo	pulcro: pulquérrimo
endeble: endebilísimo	reciente: recentísimo
fiel: fidelísimo	sabio: sapientísimo
frío: frigidísimo y friísimo	simple: simplicísimo y simplísimo
fuerte: fortísimo y fuertísimo	tierno: ternísimo y tiernísimo
íntegro: integérrimo e integrísimo	valiente: valentísimo

REGLAS **G**RAMATICALES

Grado comparativo

> **E**l adjetivo está en grado comparativo cuando forma parte de una estructura comparativa.

La comparación puede ser:

- de inferioridad, con ***menos ... que***:

    El discurso del anfitrión fue menos divertido que el de su invitado.
    Este hospital dispone de salas menos equipadas que aquel.

- de igualdad, con ***tan ...como, igual de... que***:

    Las fiestas de este año han sido tan divertidas como las del año pasado.
    El museo es igual de antiguo que la catedral.

- de superioridad, con ***más ... que***:

    Javier es más atrevido que Pedro.
    He pensado en una solución más acertada que la tuya.

Algunos adjetivos como ***bueno, malo, pequeño*** y ***grande***, para formar el comparativo de superioridad, en vez de utilizar las partículas mencionadas, pueden presentar una sola palabra:

    Este alcalde es más bueno / mejor que el anterior.
    Este niño es más malo / peor que un demonio.
    El pájaro de plumas verdes es más pequeño / menor que el de plumas rojas.
    En este barrio han cocinado una paella más grande / mayor que en aquel.

Algo similar ocurre con ***superior, inferior, anterior*** y ***posterior***, aunque estos se construyen con la preposición *a*, no con la conjunción *que* como los anteriores:

REGLAS GRAMATICALES

El nivel de este alumno es superior al del resto de la clase.
El nacimiento de tu hijo ha sido posterior al del mío.
Mi cumpleaños es anterior al tuyo.
Las oficinas se encuentran en el piso inferior.

Además, ni los anteriores (*mejor, peor, menor, mayor*) ni éstos pueden aparecer con los adverbios *m* *menos, tan*. Así, serán incorrectas las siguientes construcciones:

*más mejor	**más peor*	**menos anterior*
*tan posterior	**menos superior*	**menos inferior*

Más mayor es correcto cuando hace referencia a la edad porque, en este caso, no se consid comparativo de *más grande*:

Cuando seas más mayor (tengas más edad) podrás jugar en el equipo de juveniles.

Sin embargo, cuando se refiere al tamaño, no es correcta la construcción *más mayor*, porque *mayor*, p sí solo, es el comparativo de *grande*:

*Tu casa es más mayor (más grande) que la mía.
Tu casa es mayor (más grande) que la mía.

5 En las siguientes oraciones, escribe **S** (superioridad), **IN** (inferioridad) o **I** (igualda según la comparación que se establezca:

Hemos comprado unos libros tan interesantes como los vuestros. _____

No he visto nunca un niño tan inquieto como éste. _____

Los jugadores de la selección francesa no son tan buenos como los de Portugal. _____

El postre es menos apetitoso que los entrantes. _____

En esta carrera, los coches de Renault han sido más rápidos que los de Peugeot. _____

Su testimonio es menos fiable que el del testigo ocular. _____

Tienes el pelo más rizado que yo. _____

REGLAS GRAMATICALES

Escribe tres oraciones en las que aparezca un adjetivo en grado superlativo:

_____

_____

_____

Escribe tres oraciones en las que aparezca un adjetivo en grado comparativo de igualdad:

_____

_____

_____

Escribe tres oraciones en las que aparezca un adjetivo en grado comparativo de inferioridad:

_____

_____

_____

Escribe tres oraciones en las que aparezca un adjetivo en grado comparativo de superioridad:

_____

_____

_____

PRACTICA

Observa estas oraciones:

habitación pequeña   *calle oscura*
niños traviesos   *falda roja*

Completa la definición:

El **adjetivo** es _____

_____.

10

Subraya los adjetivos que encuentres en este texto:

Fue una tarde muy divertida. Los niños pequeños jugaron en un tobogán verde que tenía las escaleras rojas; los niños mayores prefirieron leer divertidos libros y resolver difíciles pasatiempos y después lanzarse a la piscina redonda, que tenía el agua limpia y fría.

Observa estas oraciones:

Los bomberos, valientes, entraron en el edificio.
Los bomberos valientes entraron en el edificio.

Explica la diferencia entre adjetivo especificativo y adjetivo explicativo:

El **adjetivo especificativo** _____

El **adjetivo explicativo** _____.

11

Di si los adjetivos que aparecen en las siguientes oraciones son explicativos o especificativos:

Los pegajosos caramelos me mancharon el vestido.   _____

Los alumnos solidarios colaboraron en la colecta.   _____

Los pequeños saltamontes se asustaron con el ruido.   _____

Los caminantes, cansados, llegaron hasta la catedral.   _____

Observa estas oraciones:

camino oscuro   *cueva oscura*
caminos oscuros   *caminos oscuros*

Completa:

El **adjetivo** concuerda en _____

_____ .

2

Rellena los huecos con un adjetivo:

Nos encontrábamos _____ después de la _____ excursión.

Los _____ animalitos miraban _____ a los excursionistas.

En aquella _____ librería había libros _____ y _____ .

La mañana era _____ y en el _____ bosque sólo se oía un
silencio _____ .

Observa estas oraciones:

La conferencia fue interesantísima
Los nuevos becarios son muy eficientes

Completa:

El adjetivo en grado **superlativo** expresa _____

_____ y se forma _____ .

3

Escribe el superlativo de:

célebre _____   **cruel** _____   **tierno** _____

notable _____   **fuerte** _____   **sabio** _____

REPASA

67

Observa estas oraciones:

Este edificio es más alto que aquel.
Este edificio es menos alto que aquel.
Este edificio es tan alto como aquel.

Completa:

El adjetivo en grado **comparativo** expresa _____

_____.

La comparación puede ser:

- _____.

- _____.

- _____.

14 Escribe una oración con cada uno de estos adjetivos en grado comparativo de superioridad:

bueno:	_____
malo:	_____
pequeño:	_____
grande:	_____
superior:	_____
inferior:	_____
anterior:	_____
posterior:	_____
mayor:	_____

UNIDAD 5

Los demostrativos

Con los **demostrativos** para se indica la mayor o menor distancia tanto temporal como espacial de la persona u objeto de conversación respecto del hablante.

Fíjate bien:

Compré estos cuadernos

Aquel verano fue especial

Esto no es lo que yo pedí

Estas no las quiero; prefiero aquellas

En estas oraciones encontramos varias palabras que hacen referencia a la situación tanto espacial como temporal; así, al decir *Estos cuadernos* estamos dando a entender que los cuadernos están cerca del hablante; en cambio, *Aquel verano* evoca lejanía en el tiempo. Son los llamados **demostrativos**.

En el tema dedicado al adjetivo, se hizo una clasificación de éste entre adjetivo calificativo, el que expresaba alguna cualidad del sustantivo, y adjetivo determinativo, que era el que no expresaba ninguna cualidad. En este último grupo incluiríamos los demostrativos. Sin embargo, si te fijas bien en las oraciones anteriores, no todos los demostrativos funcionan como adjetivos; algunos desempeñan funciones propias del sustantivo, aunque no lo son: por ejemplo en *Estas no las quiero; prefiero aquellas*, tanto *estas* como *aquellas* funcionan como complemento directo. En estos casos, los demostrativos no son adjetivos sino pronombres.

Los **demostrativos** son partes variables de la oración que indican proximidad o lejanía en el espacio y en el tiempo.
Por su diferente comportamiento en la oración, los demostrativos se dividen en adjetivos, cuando acompañan al sustantivo, y pronombres, cuando lo sustituyen. Las formas neutras *esto, eso* y *aquello* solo funcionan como pronombres.

Los demostrativos

Los demostrativos

Las formas de los demostrativos son:

	singular	plural
masculino	este, ese, aquel	estos, esos, aquellos
femenino	esta, esa, aquella	estas, esas, aquellas
neutro	esto, eso, aquello	

La idea de proximidad o lejanía indicada por los demostrativos se relaciona con las personas gramaticales. Se puede estructurar así:

- **Proximidad al hablante**, es decir, a la persona que habla, tanto en el tiempo como en el espacio: *este, esta, esto, estos, estas.*

> *Estas están podridas* *Yo no estoy de acuerdo con este informe*
> *Esto no es lo que yo pensaba* *Estos médicos nunca hablan claro*

- **Proximidad al oyente**, es decir, a la persona que escucha, tanto en el tiempo como en el espacio: *ese, esa, eso, esos, esas.*

> *No me gusta esa ciudad* *Esos no son mis hijos*
> *Esos meses fueron muy duros* *Esos avances son importantes*

- **Lejanía del hablante y del oyente**, tanto en el tiempo como en el espacio: *aquel, aquella, aquello, aquellos, aquellas.*

> *Aquello sí que era diversión* *Aquella es mi casa*
> *Aquellas sillas nos vendrían bien* *Aquellos recuerdos permanecerán siempre*

REGLAS **G**RAMATICALES

¿De qué demostrativo estamos hablando si decimos…:

Cerca del hablante, género masculino, número plural? _____

Lejos del hablante y del oyente, género femenino, número plural? _____

Cerca del oyente, género neutro? _____

Cerca del hablante, género femenino, número singular? _____

Cerca del oyente, género masculino, número singular? _____

Lejos del hablante y del oyente, género masculino, número plural? _____

Adjetivos demostrativos

Observa:

Estas vacaciones iré a Galicia   *No entiendo este mecanismo*
Los niños estos me tienen harta   *Pasé el día aquel acostado en el sofá*

> **L**os adjetivos demostrativos **suelen colocarse delante del sustantivo y concuerdan con él en género y número.**

Sin embargo, en algunos contextos se pueden poner detrás. Entonces es obligatorio que el sustantivo vaya precedido de artículo. A veces, cuando se pospone el demostrativo, se quiere expresar un matiz despectivo:

La niña esa, qué aires se da   *Los perros esos no me dejan dormir.*

Como adjetivos que son, los demostrativos concuerdan en género y número con el sustantivo del que dependen: *este año, estos años, esta semana, estas semanas.*

REGLAS **G**RAMATICALES

demostrativos

Fíjate bien:

el agua	el hacha	el alma
esta agua	esa hacha	esa alma

Se ha visto que los sustantivos femeninos que comienzan por *a/ha* tónica llevaban el artículo en géne masculino; sin embargo, no ocurre lo mismo con los demostrativos.

> **C**ualquier sustantivo femenino irá acompañado de la forma femenina del demostrativo.

2   Completa las oraciones con el demostrativo que corresponda:

La profesora _____ me tiene manía.

Come _____ anca de rana; está buenísima.

_____ aves son tropicales.

No quiero comer _____ filete.

Este año estudiaremos en _____ aula.

El maldito teléfono _____ no para de sonar.

Pronombres demostrativos

Fíjate bien:

Esta mañana hará un examen

En esta oración, no sabemos si *esta* es un pronombre que alude a un sujeto femenino, o si es un adjeti que acompaña a *mañana*. Esta ambigüedad desaparece si acentuamos la forma del pronombre:

REGLAS **G**RAMATICALES

Los demostrativos

Ésta mañana hará un examen

Por este motivo, nunca se acentuarán las formas neutras *esto, eso, aquello,* ya que no puede haber confusión puesto que no pueden funcionar como adjetivos.

> **L**os pronombres demostrativos pueden llevar tilde. Esta tilde será obligatoria cuando pueda haber confusión en la comprensión de un mensaje.

Fíjate bien:

¿Dónde irá esa?

¿Qué querrá esto?

¿Quién será esta?

No quiero hablar con esto.

> **N**o es adecuado utilizar los pronombres demostrativos para hacer referencia a personas que están presentes, salvo en un contexto muy coloquial. Tampoco se debe aludir a personas con los pronombres demostrativos neutros.

Mejor:

¿Dónde irá esa chica?

¿Qué querrá este señor?

¿Quién será esta persona?

No quiero hablar con este hombre.

¿Serías capaz de inventar dos oraciones en las que sea necesario acentuar el pronombre demostrativo para evitar confusiones?

_____

_____

REGLAS GRAMATICALES

4 En las siguientes oraciones, hay adjetivos y pronombres demostrativos. Pon **A** (adjetivo) o **P** (pronombre) según corresponda:

¿Has oído cómo cantan esos grillos? _____

Esta competición es bastante dura. _____

Esa no es la principal causa de su despido. _____

Estas normas son totalmente injustas. _____

Este no es el camino que debemos tomar. _____

Ése mañana tendrá una sorpresa. _____

Eso no se dice. _____

Estas flores necesitan más agua. _____

El profesor decidió premiar a estos alumnos. _____

No todo el mundo está de acuerdo con esto. _____

Esos muchachos son unos descarados. _____

Estas ya han tenido su castigo. _____

Esto no lo arregla nadie. _____

Aquellos veranos eran muy calurosos. _____

Observa estas oraciones:

Esos días no volverán   *Esta tarea es difícil*

Eso no va conmigo   *Esa es la verdad*

Completa la definición:

Los **demostrativos** son _____

_____

_____   _____.

Escribe las formas de los demostrativos que correspondan:

Cerca del hablante: _

Cerca del oyente: _

Lejos de los dos: _

Observa:

ese tomate   *esos tomates*

esta manzana   *estas manzanas*

Completa:

Los **adjetivos demostrativos** se colocan _____

y concuerdan _____.

Escribe una oración en la que el adjetivo demostrativo aparezca detrás del sustantivo:

_____

REPASA

75

Observa:

esta alma   *esa agua*

Completa:

Los **sustantivos femeninos** van precedidos del adjetivo demostrativo en género:

_____.

7 Completa estas secuencias con un adjetivo demostrativo:

_____ haz   _____ ala   _____ ábaco

_____ acacia   _____ acta   _____ acné

_____ águila   _____ hampa   _____ arca

8 En el siguiente texto, hay cinco usos incorrectos del demostrativo, ¿Serás capaz de encontrarlos?

Este día que ahora comienza se presenta como todos. Miro a mi compañero de piso y pienso: "Esto sí que vive bien". Se levantará, beberá ese agua del vaso y se volverá a acostar hasta que ese hambre voraz que tiene le despierte de nuevo. Bueno, será mejor no pensar en ese y prepararme para ir al trabajo. Éste jefe que tengo no está acostumbrado a que llegue tarde. Es demasiado severo y eso no me gusta. Pero tendré que resignarme porque alguien tendrá que pagar estas facturas.

REPASA

UNIDAD 6

Los posesivos

Los posesivos sirven para establecer la noción de propiedad.

Presta atención:

Por fin he encontrado mis gafas
Nuestra casa está en la montaña
Estos no me gustan; prefiero los míos

Esta raqueta es mía
Ha llamado tu amiga
Es vuestro objetivo

En todas estas oraciones hay un idea de posesión, de propiedad. Los elementos que aportan esta idea son los llamados **posesivos**.

Los posesivos **son una parte variable de la oración que indica posesión o pertenencia. Forman parte del amplio grupo de los adjetivos determinativos, aunque algunas de sus formas también pueden funcionar como pronombres.**

¿Cómo expresarías que los siguientes objetos son tuyos? Escribe cuatro oraciones donde se manifieste esa idea de posesión:

cuaderno: _

amigos: _

botella: _

disco: _

REGLAS GRAMATICALES

Para establecer una clasificación de los posesivos se tiene en cuenta el número de poseedores, es de si es uno o son varios, y también la persona gramatical que posee: primera, segunda o tercera, tanto singular como del plural. Con estos datos, el cuadro de los posesivos es el siguiente:

		Un poseedor	Varios poseedores
1ª persona	singular	mi, mío, mía	nuestro, nuestra
	plural	mis, míos, mías	nuestros, nuestras
2ª persona	singular	tu, tuyo, tuya	vuestro, vuestra
	plural	tus, tuyos, tuyas	vuestros, vuestras
3ª persona	singular	su, suyo, suya	sus, suyos, suyas
	plural	sus, suyos, suyas	

2   Con los datos que se ofrecen, forma una oración:

Nº de poseedores: tres.

Posesión: un baúl antiguo.

_____

Nº de poseedores: uno.

Posesión: rosas rojas.

_____

Nº de poseedores: dos.

Posesión: varios sombreros.

_____

REGLAS GRAMATICALES

No todas las formas de los posesivos tienen el mismo comportamiento dentro de la oración. Fijándonos en ello podemos distinguir tres grupos de posesivos:

Mi, tu, su, mis, tus, sus

Fíjate bien:

Me gusta tu coche

Sus desvelos me abruman

Mis valores son diferentes

Han seleccionado mi trabajo

Tus sentimientos han cambiado

Su cuerpo es muy frágil

En estos ejemplos, encontramos seis formas de los posesivos: *mi, tu, su, mis, tus, sus*. Son las llamadas formas apocopadas o abreviadas (frente a *mío, tuyo, suyo, míos, tuyos, suyos*). Ninguno de estos posesivos puede aparecer de forma independiente en la oración; siempre deben acompañar a un sustantivo, al que preceden y con el que concuerdan en número: *mi lápiz/mis lápices*.

> **L**as formas *mi, tu, su, mis, tus, sus* siempre preceden al sustantivo e impiden la presencia del artículo.

Es incorrecto decir:

*el tu abrigo   **la mi cabeza*   **los mis calcetines*

Mío, mía, míos, mías, tuyo, tuya, tuyos, tuyas, suyo, suya, suyos, suyas

Fíjate bien:

La propuesta es mía

Los euros son míos

La firma parece suya

Los apuntes tuyos son más completos

Seguro que es cosa tuya

Parecen los perros suyos

REGLAS GRAMATICALES

79

Como puedes ver, en algunas de estas oraciones los posesivos aparecen de forma independiente en la oración: *La propuesta es mía, La firma parece suya, Los euros son míos.* En el resto, sin embargo, funcionan como complementos de un sustantivo.

> **L**os posesivos *mío, tuyo* y *suyo* (con sus femeninos y plurales) pueden aparecer de forma autónoma en la oración.
> También pueden funcionar como complemento de un sustantivo, con el que concuerdan en género y número. En estos casos, siempre aparecen detrás de él y no impiden la presencia del artículo.

        asunto tuyo / el asunto tuyo   *olvido suyo / el olvido suyo*

Nuestro, nuestra, vuestro, vuestra, nuestros, nuestras, vuestros, vuestras

Fíjate bien:

Este libro es nuestro	*El trasplante es nuestra esperanza*
Estas niñas son las nietas nuestras	*Vuestra fe es ridícula*

Como sucedía en la serie anterior, estos posesivos también pueden aparecer de forma independiente dentro de la oración, y también acompañando a un sustantivo. ¿Dónde está entonces la diferencia? La diferencia está en que estos posesivos pueden aparecer delante o detrás del sustantivo:

- Si se colocan delante impiden la aparición del artículo:

        nuestras cosas   *nuestro trabajo*
        *las nuestras cosas   **el nuestro trabajo*

- Si se colocan detrás del sustantivo son compatibles con el artículo, aunque no siempre aparezca:

        opiniones vuestras   *compañero nuestro*
        las opiniones vuestras   *el compañero nuestro*

REGLAS **G**RAMATICALES

Di si las siguientes oraciones son correctas (**C**) o incorrectas (**I**):

La mi hija es muy estudiosa. _____

Nuestros amigos nos han invitado a su boda. _____

Los cuadernos míos tienen mejor caligrafía. _____

Esas son cosas vuestras. _____

Aquellos paquetes son tuyos. _____

Así es la vida nuestra. _____

Los nuestros perros son muy obedientes. _____

La casa nuestra es muy pequeña. _____

Tus motivos son convincentes. _____

Este descuido tuyo es imperdonable. _____

Fíjate bien:

*Alrededor nuestro   *Detrás mío   *Encima tuyo*
Alrededor de nosotros   Detrás de mí   Encima de ti*

Como se ha visto, uno de los datos que se tienen en cuenta al clasificar los posesivos es la persona gramatical a la que se refiere el poseedor. Por este motivo, se considera que los posesivos son unidades bastante cercanas a los pronombres y adjetivos personales, sobre todo en aquellas construcciones en las que éstos van precedidos de la preposición *de*: *Su libro / el libro de él*. Esto ha provocado que se hayan extendido expresiones como: *alrededor mío* en lugar de *alrededor de mí, delante tuyo* en lugar de *delante de ti, detrás suyo* en lugar de *detrás de él*, etc.

En contra de estas construcciones se argumenta que el papel esencial de los posesivos es indicar la propiedad de algo y esto no se cumple en estas expresiones. Además, como hemos visto, las formas posesivas que se utilizan siempre acompañan a un sustantivo con el que concordaban en género y número; en estas expresiones es imposible porque aparecen detrás de adverbios, y los adverbios no tienen variación de género y número. Por este motivo, hay vacilaciones de género: *detrás mío / detrás mía*.

REGLAS GRAMATICALES

4   Escribe una oración con cada uno de los siguientes posesivos:

mío   tu   nuestras   su   suyos   mías   vuestro   tuya

_____

_____

_____

_____

_____

_____

_____

PRACTICA

Observa estas oraciones:

Dame mi abrigo

Es nuestra obligación

Este coche no es el nuestro

No es problema mío

Completa la definición:

Los **posesivos** son _____

_____

_____ .

Escribe las formas de los posesivos que correspondan:

Un poseedor: _

_ _

Varios poseedores: _

_ _

Observa estas secuencias:

mi cabeza

su bufanda

tus ilusiones

sus sandalias

Responde a la siguiente cuestión:

¿Cómo se colocan los posesivos mi, tu, su, mis, tus, sus? _____

_____

Escribe a continuación la forma correcta:

la mi blusa _ _ _ _ _ _ _ _ _ _   **los nuestros caballos** _ _ _ _ _ _ _ _ _ _

el tu hijo _ _ _ _ _ _ _ _ _ _   **las nuestras cartas** _ _ _ _ _ _ _ _ _ _

REPASA

Los posesivos

Observa estas secuencias:

Este queso es mío   Es un negocio tuyo
¿Estas llaves son vuestras?   Son nietas suyas

Completa:

Los posesivos mío, tuyo, suyo, con sus femeninos y plurales, _____
_____
_____

7

Completa las siguientes oraciones con un posesivo:

Los hijos _____ son muy desordenados.

Aún no ha comprendido que ese es un problema _____.

Las preguntas_____ no parecen adecuadas.

Cuando se enfada, monta esas pataletas _____.

¿Es _____ el coche que está aparcado ahí afuera?

Observa estas secuencias:

¿Es el niño vuestro?   Nuestro comienzo fue difícil
Nuestras dudas son serias   El amigo nuestro es de Madrid

Completa:

¿Pueden aparecer con artículo los posesivos nuestro, vuestro ,y sus
femeninos y plurales? _____
_____
_____

REPASA

UNIDAD 7

Los relativos

Los relativos sirven para introducir oraciones que, normalmente, suelen funcionar como adjetivos.

Presta atención:

La persona respetuosa es respetada   *La persona que es respetuosa es respetada*

He comprado una casa nueva   *He comprado una casa que es nueva*

Las oraciones de ambas columnas transmiten el mismo mensaje, significan lo mismo. Sin embargo, no son iguales. En las de la izquierda, el sustantivo es completado por un adjetivo; en las de la derecha, el sustantivo va seguido de una oración introducida por *que*, y que funciona exactamente igual que el adjetivo de las oraciones de la izquierda. *Que* es un **pronombre relativo**.

Los **pronombres relativos** son palabras que hacen posible que una oración pueda funcionar como un adyacente del sustantivo, del mismo modo que lo haría un adjetivo. Los pronombres relativos son: *quien, quienes, cuyo, cuya, cuyos, cuyas, que, el cual, la cual, lo cual, los cuales, las cuales, como, donde, cuando* y *cuanto*. Las oraciones introducidas por el pronombre relativo se llaman **oraciones adjetivas o de relativo**.

En las oraciones siguientes, sustituye el adjetivo por una oración de relativo:

Los jugadores altos se situaban en la defensa.

_____

Una de las atracciones era una casa encantada.

_____

REGLAS GRAMATICALES

Ahora, fíjate bien:

> *Los alumnos, estudiosos, aprobaron todos los exámenes.*
> *Los alumnos estudiosos aprobaron todos los exámenes.*

En el tema dedicado al adjetivo señalamos que éste podía clasificarse en especificativo y explicativo. E estas oraciones se aprecia esta diferencia: en la primera, el adjetivo nos explica cómo eran los alumnos estudiosos, pero es una información añadida de la que podríamos prescindir, por eso va entre comas; e la segunda, se especifica qué alumnos aprobaron: solamente los que eran estudiosos, y ésta sí que es un información necesaria.

Hemos recordado el diferente comportamiento del adjetivo porque, como se ha explicado, las oracione de relativo funcionan como si fueran adjetivos y, como ellos, pueden presentar dos modos diferentes d relacionarse con el sustantivo. Así, tendremos oraciones de relativo explicativas y especificativas:

> *Los animales, que estaban enjaulados, parecían enfermos.*
> *La posada, cuyo tejado es de pizarra, ha sido reformada.*
>
> *Los animales que estaban enjaulados parecían enfermos.*
> *La posada cuyo tejado es de pizarra ha sido reformada.*

En las oraciones de arriba, se aporta más información sobre el sustantivo, pero esta información no e absolutamente necesaria para la comprensión del mensaje. Son **oraciones de relativo explicativas**. E las oraciones inferiores se acota la extensión del sustantivo: no todos los animales parecían enfermos sólo los que estaban enjaulados; no se ha reformado cualquier posada, sólo la del tejado de pizarra. Esta oraciones no pueden eliminarse porque entonces se perdería el sentido del mensaje. Se trata d **oraciones de relativo especificativas**.

> **L**as oraciones de relativo explicativas aportan información sobre el sustantivo pero se pueden eliminar sin que la oración pierda sentido. Siempre van entre comas.
> Las oraciones de relativo especificativas acotan la extensión del sustantivo, por lo que no pueden ser suprimidas.

REGLAS GRAMATICALES

En las secuencias siguientes, clasifica las oraciones de relativo en especificativas o explicativas:

Los turistas, que no fueron puntuales, perdieron el autobús. _____

Necesito para hoy los trabajos que te he pedido. _____

No me gustan la chica con la cual saliste ayer. _____

El banco, que tenía la puerta cerrada, había cerrado a las 12. _____

No me gusta los dibujos animados que tienen contenido violento. _____

Las intervenciones, que habían sido censuradas, carecían de interés. _____

Hemos visto que los pronombres relativos tienen una misión: hacer posible que las oraciones funcionen como adyacentes del sustantivo. Este sustantivo al que hace referencia el pronombre relativo se llama **antecedente** y puede concordar con el relativo en género y número:

El hombre al cual saludé es mi primo.
La mujer a la cual saludé es mi prima.

La amiga con quien tomé café se ha marchado.
Las amigas con quienes tomé café se han marchado.

El **antecedente es el sustantivo al que complementa la oración introducida por el pronombre relativo.**
Cuando el pronombre relativo manifiesta variaciones de género o número, concuerda con el antecedente.

Dentro de la oración de relativo, el pronombre relativo representa a su antecedente. Observa:

La maleta que está dentro del avión es mía.

Vamos a separar las dos oraciones que hay en esta secuencia:

REGLAS **G**RAMATICALES

La maleta   *es mía*

que está dentro del avión

oración de relativo

Parece que la oración de relativo no tiene sentido. Sin embargo, hemos dicho que el pronombre relati representa o reproduce a su antecedente dentro de la oración de relativo. El antecedente es *male* veamos qué ocurre si sustituimos el pronombre por este sustantivo:

la maleta está dentro del avión

Ya tenemos una oración con sentido completo.

> **E**l pronombre relativo desempeña una función dentro de su oración. Esta función será la que desempeñaría el sustantivo del que depende el relativo si apareciese en su lugar. Y, al igual que el sustantivo podría ir precedido de preposición dependiendo de la función que desarrollase, también el relativo puede ir precedido de preposición.

3   Intenta hacer lo mismo con las siguientes oraciones:

El vecino que está en la ventana se llama Mario

_____   _____

He comprado un coche que tiene mucha potencia

_____   _____

Los compañeros con los cuales trabajo son muy jóvenes

_____   _____

REGLAS GRAMATICALES

Quien

Fíjate en los siguientes ejemplos:

> *El médico de quien te hablé ha sido trasladado.*
> *La policía interrogó al conserje, quien había presenciado todo.*
> *El agente a quien preguntaste la dirección no tenía ni idea.*
> *Los actores, quienes se habían esforzado mucho, recibieron una fuerte ovación.*

En todos hay oraciones de relativo especificativas o explicativas introducidas por el pronombre relativo *quien* o su plural *quienes*. Si prestas atención, comprobarás que estos pronombres siempre hacen referencia a personas, nunca a cosas, a no ser que estén personificadas. Son incorrectas oraciones como:

> **Murió a causa del tabaco, quien le produjo el cáncer.*
> **Fue un muro de piedra quien le aplastó la pierna.*

Deberían ser:

> *Murió a causa del tabaco, que le produjo el cáncer.*
> *Fue un muro de piedra lo que le aplastó la pierna.*

> **E**l pronombre relativo *quien* y su plural *quienes* siempre hacen referencia a personas o cosas personificadas.

El número del relativo dependerá del número del antecedente, con el que concuerda. Además, si el pronombre relativo funciona como sujeto, también se establecerá concordancia con el verbo. Por lo tanto, son incorrectas construcciones como:

> **Sus profesores, quien la animaron a presentarse al certamen, estaban orgullosos.*

REGLAS **G**RAMATICALES

La forma correcta sería:

Sus profesores, quienes la animaron a presentarse al certamen, estaban orgullosos.

Además, si funciona como sujeto, el relativo *quien* sólo puede introducir oraciones de relativo explicativas, nunca especificativas:

*El diputado quien ha intervenido en último lugar ha aclarado la situación.
El diputado, quien ha intervenido en último lugar, ha aclarado la situación.

> ***Q**uien, **quienes** concuerdan en número con su antecedente. Si funcionan como sujeto, sólo pueden introducir oraciones de relativo explicativas y en ellas, además de concordar en número con el antecedente, **quien, quienes** también concuerdan con el verbo.*

Fíjate:

Quien bien te quiere te hará llorar   *No pienso hablar con quien me dijiste*
Ayer vi a quienes tú ya sabes   *Quien quiere, puede*

En todas estas oraciones aparece el relativo *quien, quienes* sin un antecedente expreso. En todas ellas podría aparecer "*la persona*" o un sustantivo similar. Es muy frecuente que en las oraciones de relativo introducidas por *quien* no aparezca el antecedente.

4   Di si son correctas (**C**) o incorrectas (**I**) las siguientes oraciones:

Tus amigos quienes fueron de vacaciones al Caribe ya han regresado.   _____

Las personas de quien me hablaste se han portado muy bien conmigo.   _____

No entiendo bien a quienes se manifiestan en contra de la ley.   _____

Comprueba si los pasajeros, quienes llegaron tarde, están en el avión.   _____

Sean quien sean los ladrones, mantente al margen.   _____

Cuyo

Observa:

> *La actriz cuya película presentan hoy es argentina.*
> *Me han presentado al pintor cuyos cuadros se exponen.*
> *La casa cuyo tejado se cayó es muy antigua.*
> *El presidente, de cuyas virtudes todo el mundo habla, fue aclamado.*

En estas secuencias, hay oraciones de relativo introducidas por *cuyo*. Como puedes ver, *cuyo* acompaña a un sustantivo, al que siempre precede y con el que concuerda en género y número; por eso, *cuyo* presenta las variantes *cuya, cuyos* y *cuyas*. Se considera más un adjetivo que un pronombre.

> **C**uyo, *cuya,* **cuyos** y *cuyas* **son adjetivos relativos. Siempre preceden a un sustantivo con el que concuerdan en género y número.**

Cuyo y sus variantes tienen valor posesivo. Para verlo más claro, podríamos desmenuzar así los ejemplos anteriores:

> *La actriz*   *es argentina*
>   *su película presentan hoy*

> *Me han presentado al pintor*
>   *sus cuadros se exponen*

> *La casa*   *es muy antigua*
>   *su tejado se cayó*

> *El presidente*   *fue aclamado*
>   *todo el mundo habla de sus virtudes*

REGLAS GRAMATICALES

Por eso, son incorrectas, aunque frecuentes, oraciones en las que no existe este valor posesivo:

Es preciso desconvocar la manifestación, cuya manifestación será multitudinaria.
Es preciso desconvocar la manifestación, que/la cual será multitudinaria.

> **C**uyo **tiene valor posesivo y no puede utilizarse en oraciones que carezcan de este valor.**

También es frecuente, pero no admitido, sustituir *cuyo* por *que* o *que* seguido de *su* o *sus*:

El cuaderno que he arrancado las hojas es de mi hermana.
El cuaderno cuyas hojas he arrancado es de mi hermana.

El vecino que su coche ha sido robado llamó a la policía.
El vecino cuyo coche ha sido robado llamó a la policía.

5   Une cada oración con la forma que le corresponda:

1.   El árbol a _____ ramas subí tiene más de cien años.

2.   El niño _____ perro fue atropellado estaba muy disgustado.

3.   He visto al cantante _____ canción se oye tanto en la radio.

4.   El coche _____ asientos son de cuero es el mío.

A	**cuyo**

B	**cuyas**

C	**cuyos**

D	**cuya**

El cual

Presta atención:

> *He comprado un vídeo, el cual me ha costado 900 euros.*
> *Hace un mes que se fue mi hija, de la cual no he tenido noticias.*
> *Las intervenciones de las cuales habla el periódico no fueron muy acertadas.*
> *No conozco a los deportistas de los cuales me hablas.*

En estas oraciones, vemos que el pronombre que introduce la oración de relativo es *el cual* o sus variantes: *la cual, los cuales, las cuales*. Su antecedente es un sustantivo, con el que concuerda en género y número. En ocasiones, el pronombre relativo hace referencia a una oración completa; en este caso aparece el relativo *lo cual*:

> *No me han invitado a la fiesta, lo cual me ha disgustado bastante.*

> **E***l cual, la cual, lo cual, los cuales, las cuales* **son pronombres relativos que, gracias a la presencia del artículo, concuerdan en género y número con su antecedente.**

El cual y sus variantes suelen aparecer en oraciones de relativo explicativas (entre comas). En oraciones especificativas sólo aparecerán si el relativo va precedido de preposición:

> *Acabo de ver al ladrón, el cual me robó el bolso.*
> *Me estás hablando de unas personas de las cuales yo no quiero saber nada.*

Conviene evitar el uso de *el cual, la cual, …* en lugar de *cuyo*:

> **He alquilado una casa, los ventanales de la cual dan al mar.*
> *He alquilado una casa cuyos ventanales dan al mar.*

REGLAS **G**RAMATICALES

6   Completa los siguientes enunciados añadiendo una oración de relativo introduc[ida] por *el cual, la cual, los cuales* o *las cuales*:

Me han presentado a tu hermano, _____.

Vas a presentarte al examen, _____.

La secretaria, _____, sabe cuatro idiomas.

Voy a ir al circo _____.

Mi sobrino, _____, ha ingresado en el ejércit[o]

Que

Fíjate en estas oraciones:

> *Los apuntes que lees son míos.*
> *El gato, que era muy agresivo, me arañó en la mano.*
> *He visitado al abogado que me recomendaste.*
> *Las vallas, que eran muy frágiles, no soportaron el peso.*

En estas construcciones, encontramos oraciones de relativo introducidas por el pronombre relativo [que es] el más frecuente de todos. Puedes comprobar que los antecedentes o sustantivos a los que acompañ[a se] refieren a personas, animales o cosas, y también que cambian de género y número; sin emba[rgo,] permanece invariable porque sólo tiene una forma y, por tanto, no puede establecer concordancia.

*Q*ue **es un pronombre relativo invariable, es decir, no tiene formas para femenino o plural; por este motivo, no puede concordar con su antecedente. Este antecedente puede hacer referencia a personas o cosas.**

REGLAS GRAMATICALES

El pronombre relativo *que* puede aparecer tanto en oraciones de relativo especificativas como en oraciones de relativo explicativas (las que se escriben entre comas):

> *Los soldados que están preparados intervendrán en la misión*   **especificativa**
> *Los soldados, que están preparados, intervendrán en la misión*   **explicativa**

Di si, en los siguientes ejemplos, las oraciones de relativo introducidas por *que* son explicativas o especificativas:

Ya han llegado los niños que estaban en el campamento.   _____

Las personas que no estén de acuerdo que levanten la mano.   _____

El profesor de inglés, que participó en la reunión, se mostró indignado.   _____

El hotel, que fue construido en verano, tenía unas enormes goteras.   _____

Los animales que se habían escapado de las jaulas recorrían la ciudad.   _____

Dentro de la oración de relativo, el pronombre *que* desempeña una función. Las funciones que se construyen con una preposición siguen manteniendo esa preposición delante de *que*, y esa preposición nos da pistas sobre la función que desempeña dentro de su oración.

Fíjate bien:

> *Las mariposas que tienen los colores vivos son las más bonitas.*
> *He hecho un crucigrama que era muy difícil.*
> *Devuélveme los libros que te presté.*
> *Las cuestiones que planteé no fueron tenidas en cuenta.*

REGLAS GRAMATICALES

En las dos primeras oraciones, *que* funciona como sujeto, y en las dos últimas, como complemen[to] directo. En ninguna de estas oraciones el relativo va precedido de preposición, aunque, en el caso d[e] complemento directo que hace referencia a personas, sí podría llevar la preposición *a*, normalmen[te] precedida de artículo:

> *El muchacho al que conocí ayer es muy tímido.*

También aparece la preposición *a* precedida de artículo cuando *que* funciona como complemen[to] indirecto:

> *La secretaria a la que entregué el formulario hoy no ha venido.*

Cuando funciona como suplemento y como complemento circunstancial, *que* puede ir precedido [de] varias preposiciones. Con *a, con, de, en* y *por*, puede aparecer artículo o no:

> *El hotel en (el) que me alojo es una maravilla.*
> *Dame la brocha con (la) que has pintado la pared.*

Es frecuente, pero no admitida, la supresión de la preposición en este tipo de construcciones:

> **El hotel que me alojo es una maravilla.*
> **La secretaria que entregué el formulario hoy no ha venido.*
> **La brocha que has pintado la pared no es la más apropiada.*

Sin embargo, sí puede eliminarse la preposición cuando *que* funciona como complemento circunstanc[ial] de tiempo y depende de un antecedente que también hace referencia al tiempo:

> *El día (en) que se inauguró la exposición hacía un calor asfixiante.*
> *Asistimos al concierto la noche (en) que se estrenaba.*

8   Di la función que desempeña el relativo *que* en las siguientes oraciones:

Nos presentaron el día en que se casó el príncipe.   _____

El número que hizo el trapecista es muy difícil.   _____

El pintor al que encargué el trabajo no apareció.   _____

He conocido a la cantante que ganó el concurso.   _____

La cuestión de la que estoy hablando es muy seria.   _____

REGLAS GRAMATICALES

Observa:

> *La lana con (la) que te hizo el jersey es muy gruesa.*
> *La causa por (la) que se enfadó es muy infantil.*

En líneas anteriores se afirmó que cuando *que* es precedido por ciertas preposiciones, el artículo puede aparecer o no. *Con* y *por* son dos de estas preposiciones y, si no van precedidas de artículo, forman las secuencias *por que* y *con que*. Es preciso no confundir estas secuencias con las conjunciones *conque* y *porque*, que estudiaremos más adelante:

> *Éste es el poema con que gané el concurso.*
> *Conoces el motivo por que estoy enfadada.*
>
> *Tengo mucho trabajo, conque ya puedes ayudarme.*
> *No quiero salir porque estoy cansada.*

Construye cuatro oraciones en las que la oración de relativo sea introducida por el pronombre *que* precedido de las preposiciones *con* y *por* (puedes poner artículo o no):

_____

_____

_____

_____

Donde, cuando y como

Fíjate bien:

> *Fue entonces cuando decidimos irnos.*
> *El pueblo donde vivo es muy pequeño.*
> *El modo como has llevado este tema ha sido muy hábil.*

REGLAS GRAMATICALES

En estos ejemplos, estamos ante oraciones introducidas por *donde, cuando* y *como*. Son considera·
adverbios relativos.

> **D**onde, cuando y *como* **son adverbios relativos que aportan**
> **información de lugar, tiempo y modo.**

Aunque en las oraciones anteriores *donde, cuando* y *como* dependen de un antecedente, lo normal
que éste no aparezca.

Donde puede ir precedido de algunas preposiciones: *a, de, por, hacia, hasta, en, para*:

> *Vengo de donde tú sabes.*
> *Iré hacia donde me lleve el destino.*
> *He venido por donde me dijiste.*

La unión de la preposición *a* y el adverbio relativo *donde* da como resultado *adonde*, un adver·
relativo que se usa en oraciones en las que aparece el antecedente:

> *Aquel es el camping adonde iremos.*

Se opta por *a donde* en oraciones donde no hay antecedente:

> *Iremos a donde tú quieras.*

Tanto *adonde* como *a donde* deben construirse con verbos que indiquen movimiento.

9   Completa con *donde, cuando* y *como*:

No estoy conforme con la manera _____ me tratas.

Sigo viviendo en la casa _____ nací.

_____ llegaron, yo ya me había acostado.

El modo _____ se expresa fue determinante para conseguir ese trabajo.

Recorreremos las tierras _____ vivieron nuestros antepasados.

Cuanto

Fíjate bien:

> *Te contaré cuantos chismes oiga.*
> *Cuantos vengan serán bienvenidos.*
> *Gasta cuanto gana.*

En la primera oración, *cuanto* funciona como adjetivo relativo y concuerda con el sustantivo al que acompaña. En la segunda oración, funciona como pronombre relativo y también puede expresar variaciones de género y número. Sin embargo, en la última oración hace la función de adverbio relativo y, como adverbio, es invariable.

> **C**uanto **es un relativo que puede funcionar como pronombre relativo, como adjetivo relativo y como adverbio relativo; en los dos primeros casos, tiene formas para femenino y plural; como adverbio es invariable.**

Si *cuanto* va seguido de un adjetivo o un adverbio, se transforma en *cuan*:

> *El beneficio será tan grande cuan grande sea la inversión.*
> *Cayó al suelo cuan larga era.*

Sin embargo, esta regla no se cumple si los adjetivos o adverbios que le siguen son *más, menos, mejor, peor, mayor* y *menor*:

> *Cuanto peor te portas tú, mejor se porta él.*
> *Cuanto menos te esfuerzas, menos consigues.*
> *Cuanto mayor sea la casa, más tendrás que limpiar.*

REGLAS **G**RAMATICALES

10   Escribe dos oraciones con cada uno de los siguientes relativos:

quien: _____

_____

cuyo: _____

_____

el cual: _____

_____

que: _____

_____

donde: _____

_____

cuando: _____

_____

como: _____

_____

cuanto: _____

_____

PRACTICA

Observa estas secuencias:

Los trabajadores que estaban cansados tomaron un descanso

El trapecista que sufrió la caída ha sido llevado al hospital

Completa la definición:

Los **relativos** son _____

_____.

Las oraciones introducidas por los relativos se llaman _____.

y pueden ser _____.

Escribe dos oraciones de relativo explicativas y dos especificativas:

explicativas:

_____

_____

especificativas:

_____

_____

Observa estas oraciones:

La muñeca que compraste tiene el pelo rubio.

Completa la definición:

El **antecedente** es _____

_____.

REPASA

12 Escribe un antecedente para completar estas oraciones:

_____ de quien me hablaron no ha sido contratada.

No voy a ir a _____ que me aconsejaste.

_____ de cuyo arreglo me he hecho cargo está muy deteriorada.

_____ donde vivo es muy agradable.

Observa estas secuencias:

El terrorista a quien se acusó del atentado ya está en la cárcel.
Los niños para quienes compré los caramelos son mis alumnos.

Completa:

Quien, quienes siempre hacen referencia a _____

Concuerdan _____.

13 Completa estas oraciones con *quien* o *quienes*:

Los monitores, _____ estaban muy enfadados, regañaron a los niños.

La persona por _____ hoy estoy aquí es mi hija.

La mujer de _____ me enamoré se llama Patricia.

Los clientes para _____ construí la casa han quedado muy contentos.

Observa estas secuencias:

En la casa a cuya puerta has llamado vive un anciano.
La urna cuyos votos no han sido escrutados es aquella.

Completa:

Cuyo, cuya, cuyos y **cuyas** son _____

Siempre tienen un valor _____

Di si las siguientes oraciones son correctas (**C**) o incorrectas (**I**):

Ha ganado el equipo que sus jugadores visten de azul.   _____

Voy a votar al candidato cuyo programa sea más ético.   _____

He visto este programa cuyo programa es muy divertido.   _____

Los archivos cuya llave es redonda están cerrados   .   _____

Observa estas secuencias:

La mesa que he encargado es de madera de pino.
La cuestión de la que estamos tratando es importante.

Completa:

Que es _____.

_____.

Escribe cuatro oraciones en las que el relativo *que* funcione como:

Sujeto: _____.

C. directo: _____.

C. indirecto: _____.

C. preposicional: _____.

C. circunstancial: _____.

Observa estas secuencias:

El campo donde jugamos el partido es de césped artificial.
El año cuando nació nuestra hija fue bisiesto.
Me ha sorprendido el modo como has solucionado el problema.

REPASA

Completa:

Donde, cuando, como son _____

_____.

16

Escribe una oración con:

donde: _____

cuando: _____

como: _____

Observa estas secuencias:

Compra cuanto necesita.

Hablaremos de cuantos asuntos quieras.

Tendrás cuantas pidas.

Completa:

Cuanto es _____

_____.

17

Escribe dos oraciones de relativo con *cuanto* y dos con *cuan*:

_____

_____

_____

_____

UNIDAD 8

Interrogativos y exclamativos

Si pretendemos formular una pregunta, además de darle al mensaje una entonación especial, podemos recurrir a los **interrogativos**. Del mismo modo, los **exclamativos** facilitan la expresión de la sorpresa, la admiración, etc.

Presta atención:

¿Qué ha pasado?

¡Cuántos libros has comprado!

¡Qué niño tan rico!

¿Dónde vives?

¿Cómo ha ocurrido?

¿Quién es el favorito?

En estas oraciones, ya conocemos algunas palabras porque las vimos en el tema dedicado a los relativos. Sin embargo, hay una diferencia importante: estas palabras ahora están acentuadas. Además, ahora no se utilizan para introducir oraciones de relativo sino para formular preguntas y expresar exclamaciones. Son los **interrogativos** y **exclamativos**.

Los interrogativos y los exclamativos coinciden en su forma con los pronombres relativos y, para diferenciarlos de éstos, llevan acento. Son *qué, quién, quiénes, cuál, cuáles, dónde, cuándo, cómo, cuánto, cuánta, cuántos* y *cuántas*. Introducen oraciones interrogativas y exclamativas.

Las oraciones que formulan preguntas se llaman interrogativas y pueden ser de dos formas: directas e indirectas. Las interrogativas directas van entre signos de interrogación: ¿ ?

REGLAS GRAMATICALES

Interrogativos y exclamativos

¿Por qué no me has esperado?
¿A qué hora llega el tren?

¿Desde cuándo sabes esta noticia?
¿Cuánto azúcar necesitas?

Las interrogativas indirectas no van entre signos de interrogación y dependen de un verbo:

Me gustaría saber por qué no me has esperado.
Dime desde cuándo sabes esta noticia.
Quiero saber a qué hora llega el tren.
Te estoy preguntando cuánto azúcar necesitas.

1 Convierte las siguientes oraciones interrogativas directas en interrogativas indirecta haciéndolas depender de un verbo:

¿Cuánto cuesta este vestido?

_____

¿Quién ha ganado la carrera?

_____

¿Cómo se hace este flan?

_____

¿Qué día es el examen?

_____

¿Dónde es la exposición de pintura?

_____

¿Cuál de estos dos pantalones prefieres?

_____

REGLAS **G**RAMATICALES

Por medio de las oraciones exclamativas expresamos sorpresa, admiración, emoción, etc. Estas oraciones van enmarcadas entre los signos de admiración: ¡ !

¡Qué barullo tan grande!

¡Cuánta gente hay aquí!

¡Qué bien te has portado!

¡Qué alto está tu hijo!

Expresa tus emociones en dos oraciones exclamativas:

_____   _____

_____

Si prestas atención a los ejemplos que dan comienzo a este tema, verás que algunos interrogativos y exclamativos van acompañando a un sustantivo (*¡Cuántos libros …!, ¡Qué niño …!*); otros, sin embargo, aparecen en lugar del sustantivo (*¿Qué ha pasado?, ¿Quién es el favorito?*); y, por último, otros aportan información de lugar, tiempo, modo, etc. (*¿Dónde vives? ¿Cómo ha ocurrido?*).

Los interrogativos y exclamativos pueden ser pronombres, con las funciones propias del sustantivo; pueden ser adjetivos, y entonces acompañan al sustantivo; y pueden ser adverbios, aportando información de lugar, tiempo, modo o completando a un adjetivo o a otro adverbio.

Quién

Fíjate en los siguientes ejemplos:

¿Quién ha llamado a la puerta?

¿A quiénes has consultado?

¿De quién te has acordado?

¿A quién has visto?

¡Quién podría saberlo!

¿Para quién es este ramo de rosas?

REGLAS GRAMATICALES

En ellas, ***quién*** desempeña las mismas funciones que un sustantivo: sujeto (concuerda en número con verbo), complemento directo e indirecto (con la preposición *a*), suplemento y complemer circunstancial (con diversas preposiciones).

Quién, quiénes **son pronombres interrogativos y exclamativos.**
Siempre hacen referencia a personas.
Como exclamativo su uso no es muy frecuente.

Serán incorrectas oraciones como:

> *¿Quién es la solución del problema?*
> *¿Quiénes son los resultados de estas sumas?*

3   Di si correctas (**C**) o incorrectas (**I**) las siguientes oraciones:

¿Quién consiguieron la medalla?   _____

¿De quién es esta bicicleta?   _____

¿Quién es la incógnita de esta ecuación?   _____

¿A quién está dirigida esta carta?   _____

Qué

Presta atención:

> *¿Qué novela prefieres?*   *¿Qué quieres comer?*
> *¿Qué vino estás tomando?*   *¿Con qué vas a arreglar la mesa?*

REGLAS **G**RAMATICALES

UNIDAD 8

Interrogativos y exclamativos

Estas oraciones interrogativas están encabezadas por el interrogativo **qué**. En las secuencias de la izquierda, *qué* acompaña a un sustantivo, es decir, es un adjetivo; en las de la derecha, *qué* aparece en lugar de un sustantivo, como hace el pronombre.

Como interrogativo, *qué* funciona como adjetivo y como pronombre.

No son demasiado apropiadas las expresiones *¿lo qué?, ¿el qué?* Es preferible usar *¿qué?, ¿cómo dices?*

> *¿Has comprado las berenjenas? *¿Lo qué?/¿El qué?*
>
> *¿Has comprado las berenjenas? ¿Qué?, ¿cómo dices?*

También hay que evitar utilizar *¿qué?* en lugar de *dónde, cómo, cuánto* y *cuándo*:

> **¿Qué vas? ¿Al bar?*
>
> *¿Dónde vas? ¿Al bar?*
>
> **¿Qué lo has confeccionado? ¿A máquina?*
>
> *¿Cómo lo has confeccionado? ¿A máquina?*

Observa:

> *¡Qué tarde es ya!*   *¡Qué estúpido has sido!*
>
> *¡Qué comida más rica!*   *¡Qué de gente hay!*

En estas oraciones exclamativas, *qué* aparece complementando a un sustantivo (*comida*), a un adjetivo (*estúpido*) y a un adverbio (*tarde*).

Como exclamativo, *qué* no aparece solo; siempre acompaña a un sustantivo, un adjetivo o un adverbio.

REGLAS GRAMATICALES

109

Es muy frecuente la expresión *qué de*, en lugar de *cuánto*, en oraciones exclamativas:

¡Qué de leche has comprado!   *¡Qué de pájaros hay aquí!*

4   En las siguientes oraciones interrogativas, di si *qué* funciona como adjetivo o con pronombre:

¿Qué cuadro te gusta más?   _____

¿Qué has hecho esta tarde?   _____

¿De qué se va a hablar en al conferencia?   _____

¿Qué intenciones tienes?   _____

¿Con qué has pintado esta pared?   _____

Cuál

Presta atención:

¿Cuál es tu decisión final?   *¿Cuáles son tus discos?*
¿Con cuál te quedas?   *¿Por cuál te decides?*

En estos ejemplos, *cuál* y *cuáles* introducen oraciones interrogativas y funcionan como pronombres. raro ver *cuál, cuáles* como exclamativo. En Hispanoamérica, *cuál, cuáles* también pueden funcior como adjetivos acompañando a un sustantivo:

¿Cuáles respuestas son correctas?   *¿Cuál pantalón vas a ponerte?*

En España, este uso no es frecuente y se sustituye *cuál, cuáles* por *qué*:

REGLAS GRAMATICALES

¿Qué respuestas son correctas?   *¿Qué pantalón vas a ponerte?*

Cuál, *cuáles* **son pronombres interrogativos. En Hispanoamérica también funcionan como adjetivos.**

Construye tres oraciones con *cuál* o *cuáles*:

_____

_____

_____

Dónde, cuándo y cómo

En estas oraciones:

¿Dónde se juega el partido?   *¿Cómo podré perdonarte?*   *¿Cuándo vendrás?*
¡Dónde iremos a parar!   *¡Cómo has crecido!*   *¡Cuándo acabará esto!*

dónde, cuándo y *cómo* aportan información de lugar, tiempo y modo, de la misma forma que lo haría un adverbio. Son los llamados adverbios interrogativos y exclamativos.

Dónde, *cómo* y *cuándo* **son adverbios interrogativos y exclamativos que hacen referencia al lugar, el modo y el tiempo en que se desarrolla la acción del verbo.**

REGLAS GRAMATICALES

6   Completa con *dónde, cuándo* y *cómo*:

Dime _____ has conseguido hacer tan bien este trabajo.

¿_____ pasaréis las próximas vacaciones?

¿_____ terminará la película?

Me gustaría saber _____ vas a venir a visitarme.

Te he preguntado _____ has guardado las tijeras.

Cuánto

Fíjate bien:

> ¿Cuántos limones tienes?   ¿Cuánto pan vas a comer?
>
> ¡Cuánta maldad hay en el mundo!   ¿Cuántos quieres?
>
> ¿Cuántas pelotas has encestado?   ¡Cuánto pesas!

En estas oraciones, la forma interrogativa o exclamativa que aparece es **cuánto**. Tiene variaciones género y número: *cuánto, cuánta, cuántos, cuántas* y funciona como pronombre y como adjetivo.

> **C**uánto **es un pronombre y adjetivo interrogativo y exclamativo.**
> **Sus variantes son:** *cuánto, cuánta, cuántos* y *cuántas*.

En oraciones exclamativas, y sólo en escritos literarios, delante de un adjetivo o un adverbio, exclamativo cuánto se sustituye por *cuán*:

> ¡Cuán lejanos me parecen esos días!

Sin embargo, se mantiene la forma *cuánto* delante de *más, menos, mayor, menor, mejor* y *peor*.

REGLAS GRAMATICALES

Completa las oraciones de la izquierda con las formas interrogativas y exclamativas de la derecha:

1. ¿_____ dinero necesitas para comprar el dinero que te gusta?

2. ¿_____ tendrás que examinarte para obtener el carnet?

3. ¡_____ pudiera hacer ese viaje!

4. ¿_____ de estas películas te apetece ver?

5. ¿_____ te ha dicho el médico?

6. ¿_____ viven tus abuelos?

7. ¿_____ has conseguido llegar hasta aquí?

| A | **quién** |

| B | **dónde** |

| C | **qué** |

| D | **cuándo** |

| E | **cómo** |

| F | **cuánto** |

| G | **cuál** |

PRACTICA

Interrogativos y exclamativos

Observa estas secuencias:

> *¿Quién ha sido acusado de este delito?*
> *¿Qué pretendes hacer con ese martillo?*

Completa:

Los **interrogativos** y los **exclamativos** introducen _____

_____

Son _____.

8

Escribe dos oraciones interrogativas directas y dos interrogativas indirectas:

directas:

_____.

_____.

indirectas:

_____.

_____.

Observa estas secuencias:

> *¡Quién tuviera tus años!*
> *¿Quiénes representan a la empresa en el congreso?*

Completa:

Quién/quiénes son _____

Siempre hacen referencia a _____.

REPASA

Escribe dos oraciones con *quién* o *quiénes*:

_____

_____

Presta atención:

> *¡Qué disgusto tan grande!*
> *¿Qué quieres para comer?*

Completa:

Qué, como interrogativo, _____.

Qué, como exclamativo, _____.

10

En las siguientes oraciones, di si *qué* fuenciona como adjetivo (**A**) o pronombre (**P**):

¿Qué te han regalado para tu cumpleaños?   _____

¡Qué calor tan bochornoso!   _____

¿Qué asiento prefieres, el de ventanilla o el de pasillo?   _____

¿De qué se ha hablado en la reunión?   _____

Observa estas oraciones:

> *¿Cuál es tu actor preferido?*
> *¿Cuáles son tus preferencias?*

Completa:

Cuál, cuáles son _____.

REPASA

Interrogativos y exclamativos

Fíjate en estas oraciones:

¿Dónde podemos ir a bailar?

¿Cuándo te darán el coche nuevo?

¿Cómo has arreglado esta luz?

Completa:

Dónde, cómo y **cuándo** son _____.

11

Escribe una oración con cada una de estas formas:

dónde:

_____.

cuándo:

_____.

cómo:

_____.

Fíjate en estas oraciones:

¿Cuánto cuesta esta pamela?

¡Cuánto esfuerzo para nada!

Completa:

Cuánto es _____.

12

Escribe una oración interrogativa con *cuánto* o alguna de sus variantes y una oración exclamativa con *cuán*:

_____.

_____.

REPASA

Numerales e indefinidos

Cuando necesitamos hacer alguna referencia a cantidades, precisas o imprecisas, la lengua nos ofrece los numerales y los indefinidos.

Fíjate bien:

algunos papeles	*tres libros*	*todos los hombres*
varias salas	*cien pueblos*	*quince euros*

En todos los ejemplos, aparecen sustantivos acompañados de palabras que hacen referencia a la cantidad. En unos casos, estas palabras expresan la cantidad exacta de objetos que se nos presenta:

tres libros	*cien pueblos*	*quince euros*

Sin embargo, en el resto, esta cantidad no es exacta, es aproximada:

algunos papeles	*varias salas*	*todos los hombres*

En el primer caso, estamos hablando de los **numerales** y en el segundo de los **indefinidos**.

Cuando se quiere hacer referencia a una cantidad de personas, objetos, etc., podemos hacerlo de una forma exacta por medio de los numerales; o de una forma indeterminada, imprecisa o aproximada por medio de los indefinidos.

1 Ahora tienes que inventar cuatro oraciones: en dos de ellas aparecerán cantidades exactas de objetos y, en las otras dos, mencionarás la cantidad de objetos de una forma imprecisa:

_____

_____

_____

_____

Los numerales

Observa:

Ha quedado el séptimo   *Esta falda tiene tres colores*   *He recibido la quinta carta*

No tengo más de diez amigos   *Vivo en el vigésimo sexto*   *Te he llamado dos veces*

En todas estas oraciones se habla de números. Las palabras que hacen referencia a los números se llama numerales. Los numerales se dividen en **cardinales** y **ordinales**.

Numerales cardinales

Los numerales cardinales **indican una cantidad exacta.
Pueden funcionar como adjetivos
determinativos, si acompañan a un sustantivo, o como pronombres.**

REGLAS GRAMATICALES

A la hora de escribir los numerales cardinales, es preciso tener en cuenta algunas reglas:

- **Uno** y sus compuestos pierden la -o cuando van colocados delante del sustantivo:

   El niño se está comiendo un caramelo.
   Tengo que arreglar veintiún relojes.

- Solamente **uno** y sus compuestos y las centenas tienen formas para femenino:

   Tengo un pantalón   *Tengo una falda*
   Debo trescientos euros   *Debo trescientas libras*

- Los numerales del **cero** al **treinta** se escriben en una sola palabra. Y también las decenas, centenas y el número **mil**:

uno	veinte
dos	veintiuno
tres	veintidós
cuatro	veintitrés
cinco	veinticuatro
seis	veinticinco
siete	veintiséis
ocho	veintisiete
nueve	veintiocho
diez	veintinueve
once	treinta
doce	cincuenta
trece	cien
catorce	doscientos
quince	trescientos
diceciséis	quinientos
diecisiete	ochocientos
dieciocho	novecientos
dicinueve	mil

- A partir del **treinta**, se utilizarán dos o más palabras:

   Este animal pesa quinientos setenta y tres kilos.

REGLAS GRAMATICALES

2   Escribe con letra los siguientes números?

15 _ _ _ _ _ _ _ _ _ _ _ _ _ _ _ _ _ _   7 _ _ _ _ _ _ _ _ _ _ _ _ _ _ _ _ _ _

38 _ _ _ _ _ _ _ _ _ _ _ _ _ _ _ _ _ _   45 _ _ _ _ _ _ _ _ _ _ _ _ _ _ _ _ _ _

52 _ _ _ _ _ _ _ _ _ _ _ _ _ _ _ _ _ _   73 _ _ _ _ _ _ _ _ _ _ _ _ _ _ _ _ _ _

93 _ _ _ _ _ _ _ _ _ _ _ _ _ _ _ _ _ _   100 _ _ _ _ _ _ _ _ _ _ _ _ _ _ _ _ _ _

115 _ _ _ _ _ _ _ _ _ _ _ _ _ _ _ _ _ _   437 _ _ _ _ _ _ _ _ _ _ _ _ _ _ _ _ _ _

500 _ _ _ _ _ _ _ _ _ _ _ _ _ _ _ _ _ _   582 _ _ _ _ _ _ _ _ _ _ _ _ _ _ _ _ _ _

653 _ _ _ _ _ _ _ _ _ _ _ _ _ _ _ _ _ _   703 _ _ _ _ _ _ _ _ _ _ _ _ _ _ _ _ _ _

718 _ _ _ _ _ _ _ _ _ _ _ _ _ _ _ _ _ _   867 _ _ _ _ _ _ _ _ _ _ _ _ _ _ _ _ _ _

932 _ _ _ _ _ _ _ _ _ _ _ _ _ _ _ _ _ _   1456 _ _ _ _ _ _ _ _ _ _ _ _ _ _ _ _ _ _

Numerales ordinales

> **L**os **numerales ordinales** indican el lugar que ocupa el sustantivo al que acompañan dentro de la secuencia que se corresponde con el orden de los números.

3   Di el lugar que ocupan las figuras en estas secuencias de seis elementos:

___ ___ ___ ❖ ___ ___ : cuarto

___ ❖ ___ ___ ___ ___ : _____

___ ___ ___ ___ ❖ ___ : _____

❖ ___ ___ ___ ___ ___ : _____

REGLAS GRAMATICALES

Si para escribir los cardinales era preciso tener en cuenta una serie de normas, lo mismo sucede para escribir los ordinales:

• Cuando preceden a sustantivos masculinos, **primero** y **tercero** se cambian por **primer** y **tercer**:

> *Soy el tercer miembro de la familia.*
> *Es el primer atleta que llega a la meta.*

• Todos los numerales ordinales tienen variación de género y número:

> *Que pase el primer concursante.*
> *Que pasen las primeras concursantes.*

• Hasta **vigésimo**, los ordinales compuestos suelen escribirse con una sola palabra; de **vigésimo** a **trigésimo** alternan las dos opciones: una palabra o dos. A partir de **trigésimo**, los ordinales compuestos se escriben en palabras separadas:

primero	vigesimoprimero
segundo	vigesimosegundo
tercero	vigesimotercero
cuarto	vigesimocuarto
quinto	vigesimoquinto
sexto	trigésimo
séptimo	trigésimo primero
octavo	trigésimo segundo
noveno	cuadragésimo
décimo	cuadragésimo tercero
undécimo	quincuagésimo
duodécimo	quincuagésimo sexto
decimotercero	sexagésimo
decimocuarto	septuagésimo
decimoquinto	octogésimo
decimosexto	nonagésimo
decimoséptimo	centésimo
decimoctavo	ducentésimo
decimonoveno	milésimo
vigésimo	millonésimo

REGLAS GRAMATICALES

4 Escribe con letra el ordinal correspondiente a los siguientes números?

6º _____ 17º _____

41º _____ 50º _____

55º _____ 73º _____

100º _____ 200º _____

155º _____ 1000º_____

Los indefinidos

Observa:

Algunas vacas	*Muchos caminos*	*Pocos soldados*
Varias especies	*Ciertos animales*	*Ninguna vecina*

En estas secuencias no se especifica con exactitud cuántos elementos hay.

Los indefinidos **hacen referencia a la cantidad de un modo impreciso e inexacto.**

Los indefinidos son: *algo, alguien, nada, nadie, alguno/-a/-os/-as, ninguno/-a/-os/-as, cualquier mucho/-a/-os/-as, poco/-a/-os/-as, bastante/-es, cierto/-a/-os/-as, demasiado/-a/-os/-a varios/-as,* etc. Como ves, casi todos tienen formas para femenino y plural, aunque algunos s invariables. Además, la mayoría puede funcionar como adjetivos determinativos, si acompañan a sustantivo, o como pronombres si desempeñan las mismas funciones que éste. Sin embargo, hay algun que sólo pueden funcionar como pronombres: *alguien, algo, nadie* y *nada.*

REGLAS GRAMATICALES

Alguien, algo, nadie, nada

Fíjate bien:

Alguien ha entrado en nuestra casa   *Dime algo*
No concede entrevistas a nadie   *No me acuerdo de nada*

En estas oraciones, los indefinidos desempeñan funciones propias del sustantivo: sujeto, complemento directo, complemento indirecto y suplemento. Por lo tanto, y como ya se ha dicho, funcionan como pronombres y nunca podrían hacerlo como adjetivos determinativos.

A*lguien, algo, nadie* **y** *nada* **son pronombres indefinidos.**
No tienen variación de género y número.
Cuando aparecen acompañados de un adjetivo, concuerdan
con éste en masculino y singular.

Alguien sospechoso ha entrado en nuestra casa   *Dime algo nuevo*
No concede entrevistas a nadie desconocido   *No me acuerdo de nada importante*

Nada es un sustantivo femenino cuando va precedido del artículo: *la nada*. Es muy frecuente el uso de *nada* en las siguientes expresiones: *nada más* + infinitivo (valor temporal):

Nada más terminar nos iremos a casa

y *nada más*:

No voy a contarte nada más.

En Hispanoamérica es bastante habitual la construcción *más nada*.

REGLAS **G**RAMATICALES

5   Completa con *alguien, algo, nadie* y *nada*:

No has entendido _____ sobre este asunto.

_____ ha propuesto la posibilidad de cerrar la empresa.

En esta relación hay _____ que no funciona.

_____ ha dicho que ésta sea la mejor opción.

No acababa de acostumbrarse al vacío, a la _____.

Ninguno, alguno

Observa con atención:

No me gusta ninguna	*Han venido sólo algunos*
Ningún abogado puede ayudarme	*Alguna vez acertaré*

En estas oraciones podemos comprobar tres cosas:

> **L**os indefinidos *ninguno* y *alguno* tienen variación de género y número; pueden funcionar como adjetivos y como pronombres indefinidos; cuando van delante de un sustantivo masculino y singular las formas que aparecen son *ningún* y *algún*.

Además de ante sustantivos masculinos en singular, a veces también aparecen *ningún* y *algún* a sustantivos femeninos que empiezan por *a-* o *ha-* tónicas: *algún arma, ningún hacha*; sin embargo preferible usar *ninguna* y *alguna*:

alguna arma   *ninguna hacha.*

REGLAS GRAMATICALES

No suele utilizarse la forma plural de *ninguno, ninguna*. Es más frecuente decir *No tengo ningún interés en su intervención* que *No tengo ningunos intereses en su intervención*.

Además, si *ninguno* aparece detrás del verbo debe aparecer la negación *no* o alguna similar:

> *No conozco a ninguno*

pero, si aparece delante del verbo, no hay que añadir ninguna negación:

> *Ninguno me ha comentado nada acerca del tema.*

Cuando *alguno* y *ninguno,* y sus variantes, van seguidos de la preposición *de* y los pronombres *nosotros, vosotros*, la concordancia con el verbo varía entre la tercera persona del singular si el indefinido está en singular, y la primera o segunda persona del plural si el indefinido está en plural (sólo para *alguno*):

Alguno de nosotros lo sabía	*Ninguno de vosotros lo dijo*
Algunos de nosotros lo sabíamos	*Algunos de vosotros lo sabíais*

Une las dos columnas según corresponda:

1. _____ camarero me ha atendido todavía.	
2. _____ de nosotros pensamos que era lo mejor.	**B** **ninguna**
3. _____ me ha parecido correcta.	**C** **ningún**
4. Se rumorean _____ hipótesis.	**D** **ninguno**
5. _____ dio la cara.	**E** **algunos**
6. _____ capricho habrás tenido.	**F** **algún**

Uno

Fíjate bien:

Un día de estos voy a enfadarme   *Una mañana cualquiera se irá*
Para comer, quiero unos entremeses   *He visto unas luces extrañas*

En estos ejemplos, ***uno, una, unos*** y ***unas*** no expresan cantidad; en su lugar no podría aparece numeral (*¿Tres días de estos voy a enfadarme?*) y, sin embargo, sí podría hacerlo otro adjetivo indefi como algún (*Algún día de estos...*). El indefinido *uno* aparece en estas oraciones desempeñand función que le es propia: la de adjetivo determinativo. Delante de sustantivos masculinos, *un* apocopa en *un*. Y también se utiliza *un* ante sustantivos femeninos que empiezan por *a-* o *ha-* tónica

un *haya*   un *arca*   un *alma*

> **E**l indefinido *uno* y sus variantes funcionan normalmente como adjetivo determinativo delante de un sustantivo con el que concuerda en género y número. Ante sustantivos masculinos en singular aparece la forma *un* y también ante sustantivos femeninos iniciados por *a* o *ha* tónica.

7   Escribe una oración en la que *uno/un* sea numeral y una en la que sea indefinido:

numeral:

_____.

indefinido

_____.

REGLAS GRAMATICALES

Todo

Fíjate bien:

Todo el tiempo

Todas estas personas

Todos tus ahorros

Toda la vida

> ***T**odo* **es adjetivo y pronombre indefinido. Como adjetivo, concuerda en género y número con el sustantivo, que puede ir precedido de artículo, posesivo, demostrativo, etc.**

Si el sustantivo al que precede empieza por *a* o *ha* tónica, la forma que aparece es *toda* no *todo*; éste es un error que se comete con frecuencia:

toda el agua

toda el alma

Completa con *todo, toda, todos* y *todas*:

_____ la niñez.

_____ el aire.

_____ el hambre.

_____ las ansias.

_____ el ámbar.

_____ los amigos.

_____ el área.

_____ las anguilas.

_____ los atletas.

REGLAS GRAMATICALES

9   Rellena los huecos vacíos:

4	_ _ _ _ _ _ _ _ _	1º	_ _ _ _ _ _ _ _
9	_ _ _ _ _ _ _ _	_ _ _ _	segundo
17	_ _ _ _ _ _ _ _	11º	_ _ _ _ _ _ _ _
_ _ _ _	veintitrés	26º	_ _ _ _ _ _ _ _
30	_ _ _ _ _ _ _ _	_ _ _ _	trigésimo primero
34	_ _ _ _ _ _ _ _	40º	_ _ _ _ _ _ _ _
45	_ _ _ _ _ _ _ _	43º	_ _ _ _ _ _ _ _
56	_ _ _ _ _ _ _ _	50º	_ _ _ _ _ _ _ _
_ _ _ _	sesenta y dos	_ _ _ _	sexagésimo quinto
_ _ _ _	ciento veinticinco	73º	_ _ _ _ _ _ _ _
200	_ _ _ _ _ _ _ _	100º	_ _ _ _ _ _ _ _
215	_ _ _ _ _ _ _ _	101º	_ _ _ _ _ _ _ _
_ _ _ _	trescientos cuarenta	150º	_ _ _ _ _ _ _ _
550	_ _ _ _ _ _ _ _	_ _ _ _	ducentésimo
716	_ _ _ _ _ _ _ _	400º	_ _ _ _ _ _ _ _
800	_ _ _ _ _ _ _ _	1 000	_ _ _ _ _ _ _ _
_ _ _ _	mil ciento veinte	_ _ _ _	millonésimo

PRACTICA

Observa estas secuencias:

Ha quedado en quinto lugar.
Su colección consta de más de cien piedras.

Completa:

Los **numerales** indican _____

_____.

Se dividen en _____.

Escribe dos oraciones con numerales cardinales y dos con numerales ordinales:

cardinales:

_____

_____

ordinales:

_____

_____

Observa estas secuencias:

Han surgido algunos problemas.
No quiso saber nada de sus amigos.

Completa:

Los **indefinidos** hacen referencia a _____.

Algunos de ellos son _____.

REPASA

11 Escribe una oración con cada uno de estos indefinidos:

alguien:

_____

algo:

_____

nadie:

_____

nada:

_____

ninguno:

_____

alguno:

_____

uno:

_____

todo:

_____

12 Subraya los indefinidos que encuentres en este texto:

Había comprado demasiados pasteles y no sabía por qué. Algún día debería preguntarse a qué se debe esa manía que tienen ciertas personas de comprar muchas cosas que no necesitan para nada. Sin embargo, a él, los pasteles nunca le parecían bastantes. No tenía preferencia por ninguno en especial, le gustaban todos, no hacía ninguna distinción. Y, claro, algún empacho sí que había padecido, pero no le importaba y siempre quería más.

REPASA

UNIDAD 10

El adverbio

'Adverbio' significa "al lado del verbo". Y así aparece normalmente en las oraciones, aunque también puede aparecer en otros contextos.

Fíjate bien:

Comeremos pronto   No vivo lejos   Has hecho la cama mal

Nunca he mentido   Quizás llegue mañana   No quiero verte más

Pronto, lejos, mal, nunca, no y *quizás* son **adverbios**. Cada uno tiene su significado, pero todos tienen algo en común: son invariables. Ésta es la primera característica de los adverbios.

Los **adverbios** son partes invariables de la oración, es decir, no tienen variación de género ni de número.

En el tema que dedicamos a la oración, explicamos qué palabras solían desempeñar las diferentes funciones dentro de la oración: el sustantivo las de sujeto, suplemento, complementos directo e indirecto, etc.; el adjetivo las de adyacente y atributo, etc.; y el adverbio la de complemento circunstancial. Ésta es la función principal que desempeñan los adverbios, pero también pueden aparecer en otras:

• Como complemento de un adjetivo:

Has sido demasiado benevolente   Eres muy desconfiado

• Como complemento de otro adverbio:

Tu casa está muy lejos   Se ha portado bastante bien

REGLAS **G**RAMATICALES

131

> **L**a función propia del adverbio es la de complemento circunstancial. Pero también puede aparecer como complemento de un adjetivo o de otro adverbio.

1   Escribe cinco oraciones combinando los siguientes adjetivos y adverbios:

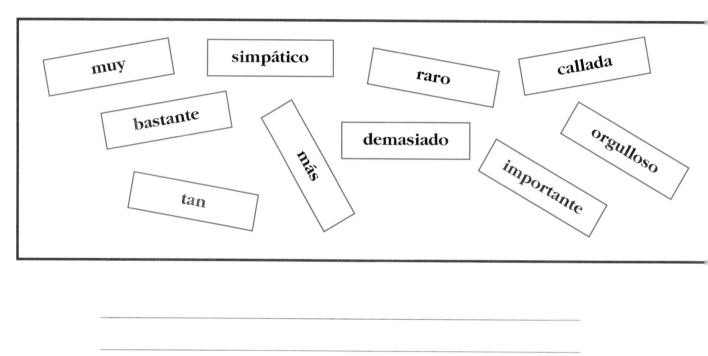

muy   simpático   raro   callada   bastante   demasiado   orgulloso   más   importante   tan

_____

_____

_____

_____

_____

Fíjate bien:

Me he dormido pronto   *Allí no hay nada*   *Me lo he pasado bien*

Tal vez apruebe el examen   *Yo también voy*   *Me ha gustado bastante*

REGLAS GRAMATICALES

UNIDAD 10 — El adverbio

En estas oraciones, el contenido que expresan los diferentes adverbios varía bastante: lugar, tiempo, modo, duda, etc. Teniendo en cuenta su significado, se puede establecer la siguiente clasificación de adverbios:

De lugar	aquí, allí, cerca, lejos, arriba, encima, abajo, debajo, delante, adelante, dentro, fuera, etc.
De tiempo	ahora, hoy, luego, después, ayer, nunca, pronto, tarde, siempre, jamás, aún, todavía, etc.
De modo	bien, mal, así, regular, mejor, peor, despacio, y muchos adverbios acabados en -mente.
De cantidad	mucho, poco, muy, menos, tan, bastante, algo, demasiado, etc.
De afirmación	sí, también, claro, efectivamente, etc.
De negación	no, nunca, jamás, nada, tampoco, etc.
De duda	quizás, posiblemente, tal vez, probablemente, etc.
De orden	primeramente, finalmente, secundariamente, etc.

En las siguientes oraciones, ¿qué expresan los adverbios que aparecen?:

Ayer te hice una visita pero no estabas   _____

Finalmente todo salió como se esperaba   _____

Parecía tan contenta   _____

Ya te dije que aquí no había ningún bar   _____

Si sigues haciendo todo mal, será peor   _____

Quizás me precipité a la hora de decidir   _____

REGLAS GRAMATICALES

Observa bien:

claro/clara ⟶ claramente   nítido/nítida ⟶ nítidamente
fácil ⟶ fácilmente   feroz ⟶ ferozmente

Los adverbios terminados en -*mente* se construyen a partir del femenino del adjetivo. Si el adjetivo sólo posee una forma para masculino y femenino, se añade la terminación -*mente* a esta forma. Si aparecen juntos dos o más adverbios terminados en -*mente* sólo se añade esta terminación al último:

Lo hizo rápida y eficazmente   *Se mueve lenta y armoniosamente*

3   Forma un adverbio terminado en -mente a partir de los siguientes adjetivos:

sutil _____   fatal _____

enérgico _____   estúpido _____

inútil _____   lánguido _____

divino _____   inicial _____

estoico _____   enorme _____

Cuando un adverbio está formado por más de dos palabras forma una locución adverbial. Algunas de ellas son: *a oscuras, a lo loco, en absoluto, en realidad, por supuesto, en efecto, pues bien, mientras tanto*, etc.

Algunas locuciones adverbiales se componen de un adverbio seguido de un complemento introducido por la preposición *de*: *detrás de, encima de, a través de, dentro de*, etc. En estos casos no es correcto suprimir la preposición:

> *Metí las llaves dentro el abrigo.*
> Metí las llaves dentro del abrigo.

> *Coloca los libros encima la estantería.*
> Coloca las llaves encima de la estantería.

> *Se pasa las horas delante la videoconsola.*
> Se pasa los días delante de la videoconsola.

Completa estas oraciones:

Camina delante de   _____ .

En la piscina, buceó debajo de   _____ .

El anciano se cayó encima de   _____.

En el cine se sentó detrás de   _____.

Vamos a estudiar detalladamente algunos adverbios porque pueden presentar formas y estructuras diferentes según los contextos.

Dentro / adentro

Fíjate bien:

> *Prefiero leer dentro; aquí hace frío*   *Me voy adentro*
> *Camina hacia dentro*   *Se fueron adentro para reposar*
> *Ven, estoy dentro de la tienda*   *El barco se perdió mar adentro*

Dentro: —Es un adverbio de lugar.

—Se usa con verbos que implican movimiento en el sentido de desplazamiento o con verb de no movimiento, es decir, los que expresan situación o estado.

—Puede ir precedido de preposición, sobre todo *hacia, para, desde, por*, con *a* da lugar adverbio *adentro*.

—Es la forma que aparece cuando detrás hay un complemento introducido por *de: dentro*

Adentro: —Es un adverbio de lugar.

—Se usa preferentemente con verbos de movimiento *(Iremos adentro)*.

—Es el resultado de unir la preposición *a* con el adverbio *dentro*, por tanto nunca poc ir precedido de esta preposición, aunque sí de otras.

—Aparece en expresiones como *mar adentro, tierra adentro*.

5 Completa con *dentro* o *adentro*:

Le gusta estudiar _____ de su habitación.

No me gusta dormir _____ de la tienda de campaña.

Vete _____; te estás enfriando.

Es un hombre de tierra _____.

No me gusta estar mucho tiempo _____ porque me ahogo.

Fuera / afuera

Fíjate bien:

Comeremos *fuera; está más fresco*   *Salgamos afuera*
Vamos para fuera   *Los bomberos nos empujaron hacia afuera*
Ronaldo está fuera de juego   *Los niños corrieron hacia afuera*

Fuera: —Es un adverbio de lugar.

          —Se usa con verbos de movimiento o con verbos de estado.

          —Puede ir precedido de preposición, sobre todo *hacia, para, desde, por*, con *a* da lugar al adverbio *afuera*.

          —Es la forma que aparece cuando detrás hay un complemento introducido por *de*: *fuera de*.

Afuera   —Es un adverbio de lugar.

          —Se usa preferentemente con verbos de movimiento.

          —Es el resultado de unir la preposición *a* con el adverbio *fuera*, por tanto nunca podrá ir precedido de esta preposición, aunque sí de otras.

Aunque estas diferencias parecen claras, cada vez se utiliza más la forma *afuera* en todos los casos, especialmente en Hispanoamérica.

Completa con *fuera* o *afuera*:

Prefiere tomar el sol _____ de la terraza.

Este futbolista corre más _____ del campo que dentro.

Vete _____ ; aquí hace calor.

Los niños están andando en bici _____ .

Arriba / encima

Fíjate bien:

Coloca el cuadro hacia arriba   *Puse las llaves encima de la mesa*
El ciclista español llegó arriba el primero   *El gato se subió por encima de mí*
Ha dejado todo patas arriba   *Le compré un chicle y encima se enfadó*

REGLAS GRAMATICALES

Arriba: —Es un adverbio de lugar.

—Se usa con verbos de movimiento o con verbos de estado.

—Puede ir precedido de preposición, pero nunca de *a, en*.

—En Hispanoamérica es frecuente el uso de *arriba* con complementos encabezados p[or] la preposición *de*: *arriba de*.

—Aparece en expresiones como *boca arriba, río arriba, patas arriba*.

Encima: —Es un adverbio de lugar.

—Se usa preferentemente con verbos de estado.

—Suele ir seguido de un complemento introducido por *de*: *encima de*.

—Sólo admite las preposiciones *de y por*.

—En lenguaje coloquial se utiliza como sinónimo de *además*.

En Hispanoamérica, estas diferencias no se suelen tener en cuenta y se utiliza siempre *arriba*.

7 Completa con *arriba* o *encima*:

Túmbese boca _____ .

_____ de la silla encontrarás el sombrero.

Todos corrieron hacia _____.

Le llevé al cine, le compré palomitas, le acompañé hasta casa y _____ no me dijo ni hasta mañana.

Abajo / debajo

Fíjate bien:

Vive más abajo   *Se escondió debajo de la escalera*

Se sumergió hacia abajo   *La lagartija salió de debajo de la piedra*

Se fue cantando calle abajo   *La vecina vive debajo*

REGLAS **G**RAMATICALES

Abajo: —Es un adverbio de lugar.

—Se usa con verbos de movimiento o con verbos de estado.

—Puede ir precedido de preposición, pero nunca de *a* o *en*.

—En Hispanoamérica es frecuente el uso de *abajo* con complementos encabezados por la preposición *de*: *abajo de*.

—Aparece en expresiones como *boca abajo, río abajo, calle abajo*.

Debajo: —Es un adverbio de lugar.

—Se usa preferentemente con verbos de estado.

—Suele ir seguido de un complemento introducido por *de*: *debajo de*.

—Sólo admite las preposiciones *de* y *por*.

Las diferencias entre *abajo* y *debajo* no siempre se mantienen. El uso de *abajo* en todos los contextos es cada vez más frecuente, especialmente en Hispanoamérica.

Completa con *abajo* o *debajo*:

Me gusta tomar el sol boca _____.

_____ de la ciudad hay ruinas antiguas.

He aparcado el coche más _____.

El pantalón me llega por _____ de los tobillos

Delante / adelante

Presta atención:

Han colocado un árbol delante de mi casa   *Seguiremos adelante*

El corredor escapado va delante   *La manifestación camina hacia adelante*

Cogí la silla de delante de la mesa   *En adelante, no te hablaré del tema*

REGLAS GRAMATICALES

Delante: —Es un adverbio de lugar.

—Indica una situación.

—Suele ir seguido de un complemento introducido por *de*: *delante de*.

—Puede ir precedido por las preposiciones *por* y *de*.

Adelante: —Es un adverbio de lugar.

—Indica movimiento.

—Es totalmente incorrecta la forma *alante*.

—Es el resultado de unir la preposición *a* con el adverbio *delante*, por tanto nunca p⟨
ir precedido de esta preposición, aunque sí de otras: *hacia, hasta, para, de, desde*.

—Con la preposición *en* indica tiempo.

9 Completa con *delante* o *adelante*:

_____ de nosotros circulaba un autobús.

En _____ voy a tomarme las cosas con más calma.

Fue corriendo hacia _____ para ganar la carrera.

¡_____! ¡Sigue así!

Me gustaría que el vestido fuese un poco más corto por _____ .

Atrás / detrás

Fíjate bien:

Vive detrás de mi casa   *Nos quedaremos atrás*
Vino por detrás y me dio un susto   *Llegó desde atrás y sorprendió a todos*
Sentaos detrás de nosotros   *Meses atrás, protagonizó un escándalo*

REGLAS **G**RAMATICALES

Atrás: —Es un adverbio de lugar.

—Indica una situación.

—Suele ir seguido de un complemento introducido por *de*: *detrás de*.

—Puede ir precedido por las preposiciones *por* y *de*.

Detrás: —Es un adverbio de lugar.

—Indica movimiento, aunque también puede construirse con verbos de estado.

—Es totalmente incorrecta la forma *alante*.

—No puede aparecer con la preposición *a* pero sí con *hacia, hasta, para, de, desde, por*.

—En algunas construcciones tiene valor temporal y puede sustituirse por *antes*.

Completa con *detrás* o *atrás*:

_____ de nosotros viene una moto muy potente.

Tiempo _____ fue un galán de cine.

Se escondió por _____ del seto.

Algunos más

Inclusive / exclusive:

—Son adverbios y por eso son invariables; por tanto, no pueden aparecer en plural:

Estaré de vacaciones desde el día uno hasta el día 15 ambos inclusive (no inclusives)

Sólo:

—No debe confundirse con el adjetivo solo (sin compañía). Para evitar confusiones el adverbio sólo lleva acento:

Sólo quiero dos melocotones

REGLAS GRAMATICALES

Más:

—El adverbio de cantidad *más* a veces acompaña a *nada, nadie o nunca*. El orden de e palabras es *nada más, nadie más, nunca más*. El orden inverso no es frecuente en Esp pero sí en Hispanoamérica: *más nada, más nadie, más nunca*.

Aprisa, deprisa, enfrente, en seguida:

—*Aprisa y deprisa* pueden escribirse también con dos palabras: *a prisa, de prisa*, aunqu más correcto hacerlo sólo con una.

—Es preferible escribir *enfrente* que *en frente*, pero mejor *en seguida* que *enseguida*.

11   Escribe una oración con cada uno de estos adverbios:

inclusive:

_____.

exclusive:

_____.

sólo:

_____.

más:

_____.

aprisa:

_____.

deprisa:

_____.

enfrente:

_____.

en seguida:

_____.

REGLAS GRAMATICALES

Escribe tres adverbios que expresen cada uno de estos contenidos:

lugar
_____
_____
_____

tiempo
_____
_____
_____

modo
_____
_____
_____

cantidad
_____
_____
_____

afirmación
_____
_____
_____

negación
_____
_____
_____

duda
_____
_____
_____

orden
_____
_____
_____

REPASA

Observa estas secuencias:

Aquí hay gato encerrado.
Evidentemente, ha habido un error.
Mañana será otro día.

Completa la definición de adverbio:

Un **adverbio** es _____.

Los adverbios pueden ser de _____

_____.

13

En las siguientes oraciones, subraya los adverbios que encuentres:

Ayer fue un día desastroso.

Allí hay unas setas muy grandes.

Me gusta caminar despacio por el campo.

Todavía no estoy preparada para afrontar ese reto.

Sí, yo también estoy de acuerdo.

Probablemente no volvamos a vernos.

Los sindicatos tampoco han reconducido la negociación.

Observa estas oraciones:

El perro respondió instintivamente.
La música suena machaconamente.

Responde:

¿Como se forman los adverbios terminados en **-mente**? _____

_____.

REPASA

Observa estas secuencias:

En realidad, todo fue una broma.
Por supuesto, España ganó la medalla de oro.

Responde:

¿Como se forma una **locución adverbial** _____.

_____.

Busca en tu diccionario el significado de las siguientes locuciones adverbiales:

de repente: _____.

a lo loco: _____.

al revés: _____.

a lo mejor: _____.

en efecto: _____.

desde luego: _____.

en realidad: _____.

a oscuras: _____.

en fin: _____.

por poco: _____.

REPASA

UNIDAD 11

El verbo

Fíjate en estas secuencias:

Todos los participantes cantarán muy bien   *Cantad*

No cantó su última canción   *Mi pájaro no cantaba nada*

Todas ellas son oraciones que expresan un mensaje completo y comprensible. En algunas apare escrito el sujeto; en otras no. Alguna tiene complemento directo; otras no. Pero todas tienen verl porque, si no, la oración no sería posible.

> **E**l **verbo** es el núcleo de la oración. Indica la existencia, el estado o la acción de los seres. Por sí solo, el verbo puede constituir una oración.

Si te fijas en las oraciones anteriores, podrás comprobar que todas las formas verbales que aparecen s del verbo *cantar*. Sin embargo, todas son diferentes. ¿Por qué, si el significado del verbo es el misr para todas ellas? La razón es la siguiente: el verbo nos ofrece dos tipos de información y a cada tipo corresponde, generalmente, una parte de la palabra. Tenemos información sobre el significado de e verbo, en este caso *cantar*: 'formar sonidos melodiosos con la voz'. Este significado es común a todas formas de este verbo y está contenido en la parte común a todas ellas: *cant*. Éste es el **lexema**. El ver ofrece también información relativa a la persona verbal, el número, el tiempo, el modo y el aspec Estos son los llamados accidentes verbales y se reflejan en las **desinencias**, terminaciones o morfen de cada forma verbal. Por eso, en nuestros ejemplos, las terminaciones son diferentes, porque l morfemas de persona, número, tiempo, modo y aspecto son diferentes.

REGLAS GRAMATICALES

Las formas verbales constan de un **lexema** o raíz verbal,
que contiene el significado del verbo,
y unas **desinencias** que informan sobre la persona, el número,
el tiempo, el modo y el aspecto verbal.

En los siguientes grupos de formas verbales, señala cuál es el lexema:

| compré | esperaba | salieron |
| compraremos | esperemos | salen |

_ _ _ _ _ _ _ _ _   _ _ _ _ _ _ _ _ _   _ _ _ _ _ _ _ _ _

La persona

Fíjate bien:

yo estudio	nosotros/nosotras estudiamos
tú estudias	vosotros/vosotras estudiáis
él/ella estudia	ellos/ellas estudian

En el proceso de comunicación hay un emisor, que es el que emite la información, un receptor, que la recibe, y el mensaje, que es la persona y objeto de que trata la información.

En la **primera persona** el sujeto de la oración coincide con
el emisor; en la **segunda persona** el sujeto coincide
con el receptor; y en la **tercera persona**, el sujeto no coincide
ni con emisor ni con receptor.

REGLAS **G**RAMATICALES

La persona marca la concordancia entre el sujeto y el verbo, ya que éste presenta desinencias específicas para cada persona. Compruébalo:

Yo riego las plantas de mi jardín.
Tú riegas las plantas de mi jardín.
Él riega las plantas de mi jardín.

2 Completa las siguientes oraciones escogiendo el sujeto que mejor conviene a cada una.

1. _____ no comeremos este pastel.

2. _____ pienso encontrar una solución.

3. _____ llegaréis a ser grandes atletas.

4. _____ no han sido demasiado legales.

5. _____ siempre fue un apoyo para mí.

6. ¿_____ no has sido invitado?

A	**Yo**
B	**Nosotros/as**
C	**Tú**
D	**Él, ella**
E	**Vosotros/as**
F	**Ellos/ellas**

El número

Fíjate bien:

yo bailo   *nosotros/nosotras bailamos*

él baila   *ellos bailan*

REGLAS GRAMATICALES

En el verbo, el morfema de número va unido al de persona e indica si en la acción del verbo intervienen uno o varios sercs. En el primer caso, sería número singular, en el segundo, plural.

El número también condiciona la concordancia ya que las desinencias verbales varían de singular a plural:

> *Tú escuchas música en el auditorio.*
> *Vosotras escucháis música en el auditorio.*

Escribe una oración cuyo sujeto sea:

primera persona del plural:

_____.

segunda persona del singular:

_____.

primera persona del singular:

_____.

tercera persona del plural:

_____.

El tiempo

Fíjate bien:

> *Ayer fui al museo de la catedral.*
> *Hoy voy al museo de la catedral.*
> *Mañana iré al museo de la catedral.*

REGLAS GRAMATICALES

Estas oraciones expresan una misma acción; lo único que varía es el tiempo en que tiene lugar e:
acción. En este caso, la referencia temporal se refuerza con los adverbios *ayer, hoy* y *mañana* pero esto
no serían necesarios porque la terminación del verbo ya indica en qué tiempo se está produciendo
acción:

Fui al museo de la catedral.

Voy al museo de la catedral.

Iré al museo de la catedral.

El morfema de **tiempo** indica cuándo se desarrolla la acción verbal tomando como referencia el momento en el que se habla. Puede ser:

- **Pasado o pretérito**: indica que la acción tuvo lugar en un tiempo pasado (*Fue un día muy agradable*).

- **Presente**: indica que la acción se desarrolla en el momento actual (*Es un día muy agradable*).

- **Futuro**: indica que la acción se desarrollará en un momento posterior (*Será un día muy agradable*).

Aunque según esta definición la distribución del tiempo parece clara, sin embargo, no es tan sencillo, y
que hay veces en que usamos el presenté para expresar una acción que tendrá lugar en el futuro:

Mañana juega un partido muy importante

o se utiliza el futuro para hacer referencia a un acción que se está produciendo en el presente:

Serán ya las ocho

e, incluso, se pretende aludir al futuro empleando una forma verbal en tiempo pasado:

Se examinaba mañana y se ha puesto enferma.

REGLAS GRAMATICALES

Escribe dos oraciones en tiempo pasado, dos en tiempo presente y dos en tiempo futuro:

pasado:

_____.

presente:

_____.

futuro:

_____.

El modo

Fíjate bien:

> *He quedado con mis amigos a las ocho.*
> *Si me hubieses escuchado…*
> *Espera un poco.*

En estas tres oraciones la postura del hablante no es la misma. En la primera oración, el hablante se limita a da una información de un modo objetivo y sin manifestar ninguna actitud respecto a esta información; es el modo **indicativo**. En la segunda, ya se deja ver el punto de vista del hablante manifestando un deseo que no se ha cumplido; es el modo **subjuntivo**. En la tercera, la intervención del hablante es aún más directa ya que esta emitiendo una orden a su interlocutor; éste es el modo **imperativo**.

> **E**l modo **muestra la actitud que toma el hablante ante la acción verbal.**

- **Indicativo**: expresa la acción verbal como algo real, actual y objetivo.
- **Subjuntivo**: expresa deseo, duda, etc.; muestra la subjetividad del hablante.
- **Imperativo**: el hablante influye en la acción con mandatos o peticiones.

REGLAS GRAMATICALES

El modo imperativo presenta unas características especiales, ya que solo admite las segundas personas:

camina   *caminad*

No presenta primera persona del singular porque nadie se da órdenes a sí mismo; el resto de person (primera del plural y tercera tanto de singular como de plural) las toma prestadas del subjuntivo:

camine   *caminemos*   *caminen*

Tradicionalmente, se añadía un modo más: el condicional. El condicional presenta la accion como u posibilidad:

caminaría	*caminaríamos*
caminarías	*caminariáis*
caminaría	*caminarían*

Hoy se suele incluir entre las formas del modo indicativo.

5   En las siguientes oraciones, di en qué modo están los verbos que aparece subrayados:

<u>Apaga</u> la tele inmediatamente.   _____

Me hubiera gustado que <u>vinieras</u> conmigo.   _____

Esta tarde <u>he hablado</u> con mi padre por teléfono.   _____

<u>Entrégame</u> los informes.   _____

No dejaré que te <u>arriesgues</u> de ese modo.   _____

El aspecto

Presta atención:

Hago mis tareas.
Ya he hecho mis tareas.

REGLAS **G**RAMATICALES

La diferencia entre estas dos oraciones radica en el momento de la acción expresada en el verbo, no en cuándo tiene lugar, información aportada por el tiempo verbal, sino si es una acción ya cumplida o si, por el contrario, está todavía en desarrollo. Estas diferencias las marca el **aspecto** del verbo.

> **E**l aspecto indica una perspectiva sobre la acción verbal,
> considerándola bien en su cumplimiento
> (aspecto perfectivo o puntual), bien en su desarrollo
> (aspecto imperfectivo o durativo).

Cuando la acción está aún en desarrollo se utilizan los tiempos simples de los verbos (excluido el pretérito perfecto simple, que expresa una acción ya finalizada):

> *amo* (presente de indicativo)
>
> *amaré* (futuro de indicativo)
>
> *ame* (presente de subjuntivo)

Cuando la acción verbal se presenta como concluida se utilizan los tiempos compuestos, formados con el verbo auxiliar *haber* más el participio del verbo correspondiente. A estos tiempos se añade el pretérito perfecto simple que, como se ha dicho, expresa una acción finalizada:

> *he amado* (pretérito perfecto de indicativo)
>
> *haya amado* (presente de subjuntivo)
>
> *amé* (pretérito perfecto simple)

Piensa en una acción concreta. Ahora escribe una oración en la que esta acción esté en desarrollo y otra oración en la que esta oración esté finalizada:

acción: _

     1: _____ .

     2: _____ .

Reglas Gramaticales

El verbo

La voz

La voz puede considerarse un accidente verbal más. Indica si el sujeto realiza la acción o la padece. S voz activa si el sujeto es agente, es decir, la causa de la acción (*Riego las plantas*). En la voz pasiva, sujeto es paciente, es decir, recibe el efecto de la acción del verbo, y, en este caso, el que realiza acción es el llamado complemento agente, introducido por la preposición *por*. El verbo en la voz pasi se construye con el verbo ser seguido del participio del verbo que se conjuga:

Las plantas son regadas por mí.

La conjugación

La conjugación es el conjunto de formas que adopta un verbo teniendo en cuenta el tiempo, persona, modo y aspecto.
Hay tres modelos de conjugación:
la primera, que incluye los verbos acabados en *-ar*;
la segunda, que agrupa los verbos terminados en *-er*;
y la tercera, la de aquellos verbos cuya terminación es *-ir*.

7 ¿Serías capaz de recordar dos verbos de cada una de las tres conjugaciones?

1º conjugación: 2º conjugación: 3º conjugación:

_ _ _ _ _ _ _ _ _   _ _ _ _ _ _ _ _ _   _ _ _ _ _ _ _ _ _

_ _ _ _ _ _ _ _ _   _ _ _ _ _ _ _ _ _   _ _ _ _ _ _ _ _ _

Algunos verbos son tomados como modelo de cada una de las tres conjugaciones porque se ajust perfectamente a las normas que rigen la formación de las formas verbales. Hemos tomado como mode los verbos *cantar*, de la 1ª conjugación, *comer*, de la 2ª y *partir*, de la 3ª. A continuación se ofrecen conjugaciones de estos tres verbos para que sirvan de referencia.

REGLAS **G**RAMATICALES

Cantar:
verbo regular de la 1ª conjugación

MODO INDICATIVO

Presente

canto
cantas
canta
cantamos
cantáis
cantan

Pret. perfecto compuesto

he cantado
has cantado
ha cantado
hemos cantado
habéis cantado
han cantado

Pretérito imperfecto

cantaba
cantabas
cantaba
cantábamos
cantabais
cantaban

Pret. pluscuamperfecto

había cantado
habías cantado
había cantado
habíamos cantado
habíais cantado
habían cantado

Pret. perfecto simple

canté
cantaste
cantó
cantamos
cantasteis
cantaron

Pret. anterior

hube cantado
hubiste cantado
hubo cantado
hubimos cantado
hubisteis cantado
hubieron cantado

Futuro

cantaré
cantarás
cantará
cantaremos
cantaréis
cantarán

Futuro compuesto

habré cantado
habrás cantado
habrá cantado
habremos cantado
habréis cantado
habrán cantado

Condicional

cantaría
cantarías
cantaría
cantaríamos
cantaríais
cantarían

Condicional compuesto

habría cantado
habrías cantado
habría cantado
habríamos cantado
habríais cantado
habrían cantado

MODO SUBJUNTIVO

Presente

cante
cantes
cante
cantemos
cantéis
canten

Pretérito perfecto

haya cantado
hayas cantado
haya cantado
hayamos cantado
hayáis cantado
hayan cantado

Pretérito imperfecto

cantara/cantase
cantaras/cantases
cantara/cantase
cantáramos/cantásemos
cantarais/cantaseis
cantaran/cantasen

Pret. pluscuamperfecto

hubiera/hubiese cantado
hubieras/hubieses cantado
hubiera/hubiese cantado
hubiéramos/hubiésemos cantado
hubierais/hubieseis cantado
hubieran/hubiesen cantado

Futuro

cantare
cantares
cantare
cantáremos
cantareis
cantaren

Futuro perfecto

hubiere cantado
hubieres cantado
hubiere cantado
hubiéremos cantado
hubiereis cantado
hubieren cantado

MODO IMPERATIVO

canta tú
cante él
cantemos nosotros
cantad vosotros
canten ellos

FORMAS NO PERSONALES

Infinitivo
cantar

Infinitivo compuesto
haber cantado

Gerundio
cantando

Gerundio compuesto
habiendo cantado

Participio
cantado

REGLAS GRAMATICALES

Comer:
verbo regular de la 2ª conjugación

MODO INDICATIVO		MODO SUBJUNTIVO	
Presente	**Pret. perfecto compuesto**	**Presente**	**Pretérito perfecto**
como	he comido	coma	haya comido
comes	has comido	comas	hayas comido
come	ha comido	coma	haya comido
comemos	hemos comido	comamos	hayamos comido
coméis	habéis comido	comáis	hayáis comido
comen	han comido	coman	hayan comido
Pretérito imperfecto	**Pret. pluscuamperfecto**	**Pretérito imperfecto**	**Pret. pluscuamperfecto**
comía	había comido	comiera/comiese	hubiera/hubiese comido
comías	habías comido	comieras/comieses	hubieras/hubieses comido
comía	había comido	comiera/comiese	hubiera/hubiese comido
comíamos	habíamos comido	comiéramos/comiésemos	hubiéramos/hubiésemos comido
comíais	habíais comido	comierais/comieseis	hubierais/hubieseis comido
comían	habían comido	comieran/comiesen	hubieran/hubiesen comido
Pret. perfecto simple	**Pret. anterior**	**Futuro**	**Futuro perfecto**
comí	hube comido	comiere	hubiere comido
comiste	hubiste comido	comieres	hubieres comido
comió	hubo comido	comiere	hubiere comido
comimos	hubimos comido	comiéremos	hubiéremos comido
comisteis	hubisteis comido	comiereis	hubiereis cantado
comieron	hubieron comido	comieren	hubieren cantado

Futuro	**Futuro compuesto**	
comeré	habré comido	

MODO IMPERATIVO

Futuro	**Futuro compuesto**
comeré	habré comido
comerás	habrás comido
comerá	habrá comido
comeremos	habremos comido
comeréis	habréis comido
comerán	habrán comido

come tú
coma él
comamos nosotros
comed vosotros
coman ellos

FORMAS NO PERSONALES

Condicional	**Condicional compuesto**
comería	habría comido
comerías	habrías comido
comería	habría comido
comeríamos	habríamos comido
comeríais	habríais comido
comerían	habrían comido

Infinitivo
comer

Gerundio
comiendo

Participio
comido

Infinitivo compuesto
haber comido

Gerundio compuesto
habiendo comido

REGLAS GRAMATICALES

Partir:
verbo regular de la 3ª conjugación

MODO INDICATIVO

Presente

parto
partes
parte
partimos
partís
parten

Pret. perfecto compuesto

he partido
has partido
ha partido
hemos partido
habéis partido
han partido

Pretérito imperfecto

partía
partías
partía
partíamos
partíais
partían

Pret. pluscuamperfecto

había partido
habías partido
había partido
habíamos partido
habíais partido
habían partido

perfecto simple

partí
partiste
partió
partimos
partisteis
partieron

Pret. anterior

hube partido
hubiste partido
hubo partido
hubimos partido
hubisteis partido
hubieron partido

Futuro

partiré
partirás
partirá
partiremos
partiréis
partirán

Futuro compuesto

habré partido
habrás partido
habrá partido
habremos partido
habréis partido
habrán partido

Condicional

partiría
partirías
partiría
partiríamos
partiríais
partirían

Condicional compuesto

habría partido
habrías partido
habría partido
habríamos partido
habríais partido
habrían partido

MODO SUBJUNTIVO

Presente

parta
partas
parta
partamos
partáis
partan

Pretérito perfecto

haya partido
hayas partido
haya partido
hayamos partido
hayáis partido
hayan partido

Pretérito imperfecto

partiera/partiese
partieras/partieses
partiera/partiese
partiéramos/partiésemos
partiérais/partieseis
partieran/partiesen

Pret. pluscuamperfecto

hubiera/hubiese partido
hubieras/hubieses partido
hubiera/hubiese partido
hubiéramos/hubiésemos partido
hubierais/hubieseis partido
hubieran/hubiesen partido

Futuro

partiere
partieres
partiere
partiéremos
partiereis
partieren

Futuro perfecto

hubiere partido
hubieres partido
hubiere partido
hubiéremos partido
hubiereis partido
hubieren partido

MODO IMPERATIVO

parte tú
parta él
partamos nosotros
partid vosotros
partan ellos

FORMAS NO PERSONALES

Infinitivo
partir

Infinitivo compuesto
haber partido

Gerundio
partiendo

Gerundio compuesto
habiendo partido

Participio
partido

REGLAS GRAMATICALES

Clasificación de los verbos

Para establecer una clasificación de los verbos se suelen tener en cuenta dos criterios: por una parte criterio morfológico, es decir, fijarse en las diferentes formas que presenta un determinado verbo; otra parte, un criterio sintáctico, que supone prestar atención a las relaciones que establece el verbo el resto de elementos que, con él, componen la oración. Vayamos por partes.

Fíjate bien:

cantar:

Presente de indicativo: *cant-o, cant-as, cant-a, cant-amos, cant-áis, cant-an.*

Presente de subjuntivo: *cant-e, cant-es, cant-e, cant-emos, cant-éis, cant-en.*

Pretérito perfecto simple: *cant-é, cant-aste, cant-ó, cant-amos, cant-astéis, cant-aron.*

andar:

Presente de indicativo: *and-o, and-as, and-a, and-amos, and-áis, and-an.*

Presente de subjuntivo: *and-e, and-es, and-e, and-emos, and-éis, and-en.*

Pretérito perfecto simple: *and-uve, and-uviste, and-uve, and-uvimos, and-uvistéis, and-uvieron*

Cantar es un verbo regular, que hemos tomado como modelo de la primera conjugación. Son muc los verbos que se conjugan exactamente igual que amar. Son verbos **regulares**.

Andar también pertenece a la primera conjugación y, si miramos las formas del presente de indicativ subjuntivo, diríamos que parece un verbo regular; sin embargo, la conjugación del pretérito perf simple difiere mucho del verbo que se ha tomado como modelo. Es un verbo **irregular**.

Los verbos regulares son aquellos cuya conjugación se ajusta siempre a la de los que se toman como modelo.
Los verbos irregulares son los que, en alguna de sus formas, no sigue la conjugación del verbo tomado como modelo.

REGLAS GRAMATICALES

Lee estas oraciones:

Llueve con frecuencia.

La pena de muerte se abolió hace muchos años.

Sucedió por la mañana.

En estas oraciones se presentan tres verbos con una característica común: sólo presentan algunas formas. Estos son los llamados **verbos defectivos**.

> **L**os verbos defectivos son aquellos que no presentan la conjugación completa, es decir, a los que les falta alguna forma.

Dentro de los defectivos merecen atención los unipersonales, que son aquellos que solo tienen la tercera persona del singular. Aquí se incluyen los que hacen referencia al tiempo meteorológico: *llover, nevar, granizar*; el verbo *haber* en estructuras como *Hay muchos insectos*; el verbo *hacer* en expresiones como *Hace mucho calor* o *Hace tiempo que no nos vemos*. Este tipo de oraciones son impersonales, es decir, no se identifica un sujeto.

Ahora vas a fijarte bien en las formas verbales que se te presentan a continuación; las vas a comparar con las de los modelos de conjugación verbal que se te han ofrecido y vas a decir si estamos ante verbos regulares o irregulares:

amar: _____

Presente de indicativo: *amo, amas, ama, amamos, amáis, aman.*

tener: _____

Pretérito perfecto simple: *tuve, tuviste, tuve, tuvimos, tuvistéis, tuvieron.*

vivir: _____

Pret. imperfecto de indicativo: *vivía, vivías, vivía, vivíamos, viviáis, vivían.*

traer: _____

Presente de indicativo: *traigo, traes, trae, traemos, traéis, traen.*

REGLAS GRAMATICALES

El verbo

Hasta aquí hemos visto cómo se clasifican los verbos fijándonos en su forma, en las variaciones que su
el verbo cuando lo conjugamos. Vamos a fijarnos ahora en los diferentes tipos de verbos que h
teniendo en cuenta las relaciones que estos establecen con los demás elementos de la oración.

Una primera diferencia se establece entre los **verbos transitivos** y los **verbos intransitivos**. Es
términos ya los conocemos porque hablamos de ellos cuando tratamos el complemento directo en
tema dedicado a la oración. Explicamos que hay verbos cuyo signficado es muy completo y verbos c
necesitan concretar su significado por medio del complemento directo.

> **V**erbos transitivos **son los que se construyen con complemento**
> **directo. Verbos intransitivos son los que se construyen**
> **sin complemento directo.**

La explicación parece clara; sin embargo, algunas incorrecciones frecuentes se deben a la confusión c
provoca el uso de ciertos verbos:

- *entrar* (intransitivo) / *meter* (transitivo)

  > **Ya entro yo la maleta en el coche.*
  > *Ya meto yo la maleta en el coche.*

- *quedar* (intransitivo) / *dejar* (transitivo)

  > **No quedes los zapatos en el medio.*
  > *No dejes los zapatos en el medio.*

- *caer* (intransitivo) / *tirar* (intransitivo)

  > **No caigáis los juguetes.*
  > *No tiréis los juguetes.*

- *dimitir* (intransitivo) / *destituir* (intransitivo)

  > **Han dimitido al consejero.*
  > *Han destituido al consejero.*

REGLAS GRAMATICALES

Fíjate bien:

Siempre me he quejado de su perversidad.
Los padres se enorgullecieron de los logros de su hijo.

En una segunda clasificación, los verbos pueden separarse en pronominales y no pronominales. En estas oraciones, vemos que las formas verbales se han construido con pronombres personales átonos (*me he quejado, se enorgullecieron*). Son los llamados **verbos pronominales**.

Los verbos pronominales **son aquellos que se construyen obligatoriamente con un pronombre personal átono.**

Hay verbos que son siempre pronominales, siempre aparecen con un pronombre personal: *jactarse, apropiarse, quejarse, arrepentirse…*; sin embargo, hay verbos que pueden funcionar como pronominales y como no pronominales, lo cual, en ocasiones, implica un cambio de significado:

Las partes implicadas acordaron la tregua. (acordar = pactar)
Las partes implicadas se acordaron de la tregua. (acordarse = recordar)

Di si los verbos que aparecen en las siguientes oraciones son transitivos, intransitivos, pronominales o no pronominales:

Me he divorciado de mi pareja.   _____

Han construido un enorme edificio de oficinas.   _____

Me aproveché de las circunstancias.   _____

He salido muy pronto de trabajar.   _____

¿No te avergüenzas de tu comportamiento?   _____

REGLAS GRAMATICALES

Formas no personales de los verbos

Fíjate bien:

vivir　　　　　　　　　*caminando*　　　　　　　　　*comido*

> **L**as formas no personales del verbo se caracterizan por no tener los morfemas verbales que hemos visto.
> Son el **infinitivo**, el **gerundio** y el **participio**.

• **Infinitivo:** presenta tres terminaciones: *-ar* para la primera conjugación (*llorar*), *-er* para la segunda (*beber*) e *-ir* para la tercera (*salir*). Puede ser simple (*estudiar*) y compuesto (*haber estudiado*). Además de ser un verbo y llevar los complementos propios del verbo, el infinitivo, en la oración, puede comportarse como un sustantivo, desarrollar las funciones del sustantivo e incluso llevar artículo (*el deber*):

<u>*Caminar*</u> *es muy sano.*
sujeto

• **Gerundio:** presenta dos terminaciones: *-ando* para la primera conjugación (*llorando*) y *-endo* para la segunda y tercera (*bebiendo, saliendo*). También puede presentar una forma compuesta (*habiendo estudiado*). Como verbo, llevará los complementos propios, pero además el gerundio tiene un funcionamiento similar al del adverbio:

Inició su intervención <u>pidiendo disculpas</u>.
compl. circunstancial

• **Participio:** se utiliza en la formación de los tiempos compuestos. Presenta dos terminaciones: *-ado* para la primera conjugación (*he llorado*) e *-ido* para la segunda y tercera (*he bebido, he salido*). El participio puede comportarse como el adjetivo, acompañando a un sustantivo con el que concuerda en género y número:

<u>*Finalizadas*</u> *las tareas, saldré al parque*
adyacente nominal

REGLAS GRAMATICALES

Las formas no personales de los verbos se utilizan también para formar las **perífrasis verbales**, construcciones en las que infinitivo, gerundio y participio se unen a otro verbo con el que forman una unidad:

- Perífrasis de infinitivo: *soler, poder, deber, echar a, ir a, haber de, tener que, deber de,* etc. + infinitivo.

> *Podemos jugar una partida a las cartas.*
> *Voy a ver a mis primos.*
> *Has de tener precaución con los coches.*

Es preciso no confundir *deber* + infinitivo, que significa obligación (*Debo aprobar*) con *deber de* + infinitivo, que significa posibilidad, duda (*Debe de pesar cien kilos*).

- Perífrasis de gerundio: *andar, estar, ir, seguir,* etc. + gerundio:

> *Andas diciendo muchas mentiras.*
> *¿Sigues viviendo en el mismo sitio?*
> *No estés siempre diciendo lo mismo.*

- Perífrasis de participio: *llevar, tener, traer, quedar, dejar, estar,* + participio:

> *Ya llevo estudiadas siete lecciones.*
> *Tengo olvidadas tus ofensas.*
> *Eso ya está superado.*

Escribe una oración en la que aparezca una perífrasis de infinitivo, otra con una perífrasis de gerundio y otra con una perífrasis de participio:

de infinitivo:

_____.

de gerundio:

_____.

de participio:

_____.

REGLAS GRAMATICALES

11   Escribe las formas que se piden de los siguientes verbos regulares:

Presente de indicativo
del verbo
saltar

_ _ _ _ _ _ _ _ _ _   _ _ _ _ _ _ _ _ _ _
_ _ _ _ _ _ _ _ _ _   _ _ _ _ _ _ _ _ _ _
_ _ _ _ _ _ _ _ _ _   _ _ _ _ _ _ _ _ _ _

Presente de subjuntivo
del verbo
temer

_ _ _ _ _ _ _ _ _ _   _ _ _ _ _ _ _ _ _ _
_ _ _ _ _ _ _ _ _ _   _ _ _ _ _ _ _ _ _ _
_ _ _ _ _ _ _ _ _ _   _ _ _ _ _ _ _ _ _ _

Pretérito imperfecto
de indicativo
del verbo *escribir*

_ _ _ _ _ _ _ _ _ _   _ _ _ _ _ _ _ _ _ _
_ _ _ _ _ _ _ _ _ _   _ _ _ _ _ _ _ _ _ _
_ _ _ _ _ _ _ _ _ _   _ _ _ _ _ _ _ _ _ _

Futuro simple
de indicativo
del verbo *esperar*

_ _ _ _ _ _ _ _ _ _   _ _ _ _ _ _ _ _ _ _
_ _ _ _ _ _ _ _ _ _   _ _ _ _ _ _ _ _ _ _
_ _ _ _ _ _ _ _ _ _   _ _ _ _ _ _ _ _ _ _

Pretérito perfecto
simple del verbo
beber

_ _ _ _ _ _ _ _ _ _   _ _ _ _ _ _ _ _ _ _
_ _ _ _ _ _ _ _ _ _   _ _ _ _ _ _ _ _ _ _
_ _ _ _ _ _ _ _ _ _   _ _ _ _ _ _ _ _ _ _

Pretérito perfecto
simple del verbo
asumir

_ _ _ _ _ _ _ _ _ _   _ _ _ _ _ _ _ _ _ _
_ _ _ _ _ _ _ _ _ _   _ _ _ _ _ _ _ _ _ _
_ _ _ _ _ _ _ _ _ _   _ _ _ _ _ _ _ _ _ _

PRACTICA

Observa estas secuencias:

Subid

Estamos cansados

Caminamos durante tres horas

Ya ha salido

Completa la definición de **verbo**:

El **verbo** es _____.

Está formado por _____.

Subraya los verbos que encuentres en el siguiente texto:

No estoy de acuerdo contigo. Los jugadores lo han hecho un buen partido y por ese motivo han perdido. Creo que no entrenan lo suficiente. Están siempre muy relajados y con pocas ganas de correr. Ahora ha venido un equipo peor que ellos y les ha ganado porque han jugado mejor y han demostrado que en el fútbol hay que tener ganas.

Observa estas secuencias:

Yo aprendo

Estamos cansados

Tú aprendiste

Ya ha salido

Completa:

Los **accidentes verbales** son:

- _ _ _ _ _ _ _ _ _: _____.
- _ _ _ _ _ _ _ _ _: _____.
- _ _ _ _ _ _ _ _ _: _____.
- _ _ _ _ _ _ _ _ _: _____.
- _ _ _ _ _ _ _ _ _: _____.

REPASA

13 Di qué persona y qué número presentan los siguientes verbos:

salimos: _ .

están: _ .

olvidé: _ .

lloran: _ .

¿Qué tiempo corresponde a cada fragmento de la línea del tiempo?:

ayer	hoy	mañana

14 Di si las siguientes formas verbales presentan aspecto perfectivo o imperfectivo:

comíamos: _ _ _ _ _ _ _ _ _ _ _ _ _ _ _ _ _ _ _ .

estaba: _ _ _ _ _ _ _ _ _ _ _ _ _ _ _ _ _ _ _ .

compré: _ _ _ _ _ _ _ _ _ _ _ _ _ _ _ _ _ _ _ .

he nadado: _ _ _ _ _ _ _ _ _ _ _ _ _ _ _ _ _ _ _ .

saltó: _ _ _ _ _ _ _ _ _ _ _ _ _ _ _ _ _ _ _ .

esperaré: _ _ _ _ _ _ _ _ _ _ _ _ _ _ _ _ _ _ _ .

había sido: _ _ _ _ _ _ _ _ _ _ _ _ _ _ _ _ _ _ .

estudió: _ _ _ _ _ _ _ _ _ _ _ _ _ _ _ _ _ _ _ .

habrá ido: _ _ _ _ _ _ _ _ _ _ _ _ _ _ _ _ _ _ .

sueño: _ _ _ _ _ _ _ _ _ _ _ _ _ _ _ _ _ _ _ .

hemos visto: _ _ _ _ _ _ _ _ _ _ _ _ _ _ _ _ _ _ .

Observa estas secuencias:

Nosotros escribimos una carta. Compré las flores

Una carta es escrita por nosotros. Las flores son compradas por mí.

Completa:

La **voz** indica _____.

Se forma con el verbo _____.

Intenta convertir en pasiva las siguientes oraciones:

Los montañeros escalaron la montaña.

_____.

El albañil construyó un muro.

_____.

Los reyes inauguraron la exposición.

_____.

La diseñadora presentó la nueva colección.

_____.

Los pasteles fueron comidos por los niños.

_____.

REPASA

Observa estas secuencias:

<table>
<tr><td>He compuesto un poema</td><td>Me olvidé de felicitarte</td></tr>
<tr><td>Hemos coincidido en el cine</td><td>Llueve a cántaros</td></tr>
</table>

Completa:

Son **verbos regulares** _____.

Son **verbos irregulares** _____.

Los verbos que se construyen con complemento directo se llaman **verbos** _____

_____. Los verbos que no se construyen con complemento directo se

llaman **verbos** _____. Los verbos que se construyen con un

pronombre personal átono se llaman **verbos** _____.

16

Construye una oración con un verbo:

transitivo:

_____

intransitivo:

_____

pronominal:

_____

Observa estas secuencias:

amar   amando   amado

Completa:

Las formas no personales de los verbos son _____

_____.

REPASA

UNIDAD 12

La conjunción

Las conjunciones se utilizan para unir elementos. Veamos cómo.

Fíjate en las siguientes oraciones:

Luis y Francisco salieron de excursión.
Quiero comprar un abrigo caliente pero ligero.

En estas dos oraciones hay una unión de dos elementos: en la primera, los sustantivos *Luis* y *Francisco* funcionan de forma unitaria como sujeto; en la segunda, el adyacente nominal consta de dos adjetivos: *caliente* y *ligero*. Las palabras que posibilitan esta unión son *y* y *pero;* son **conjunciones**.

> **L**as conjunciones son partes invariables de la oración que funcionan como nexos o puntos de unión entre elementos equivalentes.

Del mismo modo que hemos visto un sujeto formado por dos sustantivos o un adyacente nominal con más de un adjetivo, también puede ocurrir lo mismo con las oraciones, es decir, que haya oraciones complejas o compuestas por varias oraciones simples:

Me gusta mucho el pisto pero no quiero más.
No creo que me estés diciendo la verdad.

En la primera oración tenemos dos verbos, *gusta* y *quiero*, que no están formando perífrasis verbal, lo que significa que son núcleo de dos oraciones unidas por la conjunción *pero*:

Me gusta mucho el pisto.
No quiero más.

REGLAS GRAMATICALES

169

En la segunda oración, los verbos son *creo* y *estés*, y la conjunción *que* une las oraciones:

> *No creo.*
> *Me estés diciendo la verdad.*

1   Combina los elementos de las tres columnas y escribe las oraciones que resultan:

Deseo	**y**	**apruebe el examen**
María estudia periodismo	**que**	**puedas pagar el alquiler**
Quiero ir de excursión	**para que**	**Marcos estudia psicología**
Tienes que trabajar	**pero**	**mis padres no me dejan**

_____

_____

_____

_____

¿Has observado alguna diferencia en el comportamiento de las oraciones simples que forman nuestr[os] ejemplos? En el primer caso, teníamos *Me gusta mucho el pisto* y *No quiero más*. Si tomamos cada una [de] estas oraciones aisladamente, comprobamos que las dos poseen sentido completo, las dos so[n] comprensibles y ninguna parece depender de la otra. ¿Sucede lo mismo con *No creo* y *Me estés dicien[do] la verdad*? La primera sí transmite un mensaje completo; sin embargo, *Me estés diciendo la verdad* [no] nos dice nada, no comprendemos su significado. ¿Por qué? Porque esta oración depende de *No creo* y [no] puede aparecer aisladamente.

En el primer ejemplo las dos proposiciones tenían el mismo nivel y estaban unidas por una **conjunció[n] coordinante**. En el segundo caso, había una oración principal de la que dependía una oración q[ue] llamamos subordinada introducida por una **conjunción subordinante**.

REGLAS **G**RAMATICALES

La conjunción

Hay dos tipos de conjunciones: coordinantes y subordinantes.

—Las conjunciones coordinantes unen elementos que están al mismo nivel, es decir, que podrían aparecer aisladamente conservando su mensaje.

—Las conjunciones subordinantes unen elementos que no están al mismo nivel: un elemento principal rige la aparición de un elemento subordinado; este elemento subordinado tiene que ser una oración.

Di si entre las oraciones que componen las siguientes oraciones complejas se establece una relación de coordinación (**C**) o de subordinación (**S**):

Le han llevado al quirófano para que le extraigan la bala. _____

Dime si piensas venir al centro comercial conmigo. _____

Me he esforzado mucho pero no he alcanzado el objetivo. _____

Sabe cantar y le gusta bailar. _____

Conjunciones coordinantes

Fíjate en las siguientes oraciones:

Leo y aprendo.
¿Juegas al balón o montamos en bicicleta?
París, es decir, la capital de Francia, es una bonita ciudad.

REGLAS **G**RAMATICALES

Dependiendo del significado que tengan, las conjunciones coordinantes pueden clasificarse e **copulativas**, **disyuntivas**, **adversativas**, **distributivas** y **explicativas**.

Copulativas

Presta atención:

> *Mira por la ventana y escucha los pájaros.*
> *Ni te esperaba ni me alegro de verte.*
> *Juan estaba todo el tiempo erre que erre.*

> **L**as conjunciones coordinantes copulativas suman el significado de los elementos que unen. Son *y, e, ni, que*.

La conjunción *y* presenta la forma *e* cuando el segundo de los elementos que enlaza comienza por *i-, * siempre que no sean la letra inicial de un diptongo (*buitres y hienas*, no *buitres e hienas*) y que comiencen la oración (*Y Isabel*).

La conjunción coordinante *que* aparece en construcciones como *llora que llora, dale que dale*.

3   Construye una oración con cada una de las siguientes conjunciones:

y:

_____.

e:

_____.

ni:

_____.

que:

_____.

Reglas Gramaticales

Disyuntivas

Fíjate:

> *No sé si quiero carne o pescado.*
> *O bien vienes conmigo o bien te quedas en casa.*
> *¿Vendrá Mario u Óscar?*

> **L**as conjunciones coordinantes disyuntivas presentan dos opciones que se excluyen. Son *o, u, o bien.*

La conjunción *o* se transforma en *u* cuando el segundo de los elementos que enlaza comienza por *o-, ho-* (*Luis u Horacio*). Tanto *o* como *o bien* pueden aparecer repetidas (*O vienes o te quedas*).

Construye una oración con cada una de las siguientes conjunciones:

o:

_____

u:

_____

Adversativas

Fíjate bien:

> *Eres muy bueno pero eres muy tonto.*
> *No te llamé yo sino tu hermano.*
> *La esperaba cada tarde mas ella no regresó.*

REGLAS GRAMATICALES

Las conjunciones coordinantes **adversativas** unen dos elementos que están contrapuestos. Son *pero, mas, sino.*

La conjunción *mas* se utiliza exclusivamente en la lengua escrita culta. No hay que confundirla con adverbio de cantidad *más* (*Quiero más azúcar*).

Tampoco hay que confundir *sino* con *si no*, con valor condicional negativo (*Si no estudias no aprueba*

5   Construye una oración con cada una de las siguientes conjunciones:

pero:

_____

sino:

_____

Distributivas

Fíjate en estos ejemplos:

> *Bien escribiendo bien recitando, es un poeta.*
> *Ya digas esto ya digas lo contrario, no te creeré.*

Las conjunciones coordinantes **distributivas** unen dos elementos que se presentan como alternantes.
Son *ya... ya, bien... bien.*

6   Escribe una oración con:

ya... ya:

_____

REGLAS GRAMATICALES

Explicativas

Presta atención:

Martín, o sea, mi hijo, es un niño muy despierto.

La primera de su promoción, es decir, la que sacó mejores notas, es una alumna brillante.

> **L**as conjunciones coordinantes explicativas unen dos elementos de los cuales el segundo es una aclaración del primero.
> **Son *o sea, es decir, esto es*.**

Construye una oración con cada una de las siguientes conjunciones

o sea:

_____

es decir:

_____

Conjunciones subordinantes

Fíjate en las siguientes oraciones:

Estudia mucho porque quiere aprobar.

Necesito que me ayudes.

Contesté como me dijiste.

Si vienes no te arrepentirás.

REGLAS **G**RAMATICALES

La conjunción   UNIDAD 12

Las conjunciones subordinantes siempre introducen oraciones, que dependen de una oración princip
Según la relación que establezcan con esta oración principal, se clasifican en **completivas**, **causal
consecutivas**, **finales**, **modales**, **condicionales**, **concesivas**, **comparativas** y **temporales**.

Completivas

Presta atención:

> No pretendo que me olvides.
> Dime si estás de acuerdo conmigo.
> Ya verás como mete gol.

> **L**as conjunciones subordinantes completivas introducen oraciones
> que funcionan como sustantivos, por tanto, completarán
> la oración principal desempeñando alguna de las funciones propias del
> sustantivo. Son *que, como* y también *si*, con valor interrogativo indirecto

Si queremos saber la función que cumple la oración subordinada introducida por la conjunci
completiva, podemos sustituir esta oración por un sustantivo o un pronombre y ver cuál es su función
en la oración:

> Quiero *que apruebes*

sustituimos la oración *que apruebes* por el sustantivo *tu aprobado* o el pronombre *eso*, tendremos:

> Quiero *tu aprobado*
> Quiero *eso*

La función del sustantivo *tu aprobado* y del pronombre *eso* es clara: complemento directo. Pues esa s
también la función de la oración *que apruebes*.

REGLAS **G**RAMATICALES

En las siguientes oraciones, di cuál es la función de la oración subordinada:

He solicitado que se revise el caso.   _____

La policía ha pedido que los ciudadanos colaboren.   _____

Que consigas el trabajo es muy importante.   _____

Se avergonzaba de que le hubiera visto de ese modo.   _____

Causales

Presta atención:

Se fue porque quiso.
Levántate que ya es de día.
Como le pilló un coche está en el hospital.

> **L**as conjunciones subordinantes causales introducen oraciones que aportan un valor causal a la oración principal.
> Son *que, porque, pues, como, ya que, puesto que*.

Construye una oración con cada una de las siguientes conjunciones causales:

porque:

_____

ya que:

_____

puesto que:

_____

Consecutivas

Presta atención:

> *No marcaron el penalti, así que perdieron el partido.*
> *Pienso, luego existo.*

> **L**as conjunciones subordinantes consecutivas introducen oraciones
> que son consecuencia de la acción de la oración principal.
> **Son *luego, por tanto, así que, etc.***

10 Construye dos oraciones complejas en las que la oración subordinada se
consecuencia de la principal:

_____

_____

Finales

Fíjate bien:

> *Voy a ir al médico para que me tome la tensión.*
> *Estudié todo el verano con el fin de aprobar esta asignatura.*

> **L**as conjunciones subordinantes finales introducen oraciones con
> un valor de finalidad. **Son *para que, a fin de que, etc.***

Construye una oración con cada una de las siguientes conjunciones finales:

para que:

_____

con la intención de que:

_____

a fin de que:

_____

Modales

Fíjate bien:

Pinté las paredes como me indicaron.
Hice el examen según me dijeron.

> **L**as conjunciones subordinantes modales introducen oraciones que expresan de qué modo se realiza la acción de la oración principal. Son *como, según.*

Construye una oración con cada una de las siguientes conjunciones modales:

como:

_____

según:

_____

Condicionales

Fíjate bien:

> *No saldrás a menos que recojas tu cuarto.*
> *Si no encuentras la llave, llama a un cerrajero.*

Las conjunciones subordinantes condicionales introducen una condición para que se cumpla la acción de la oración principal. Son *si, siempre que, con tal de que, etc.*

13 Construye dos oraciones complejas en las que la oración subordinada exprese u condición:

_____

_____

Concesivas

Fíjate bien:

> *Aunque no estés preparado debes enfrentarte al problema.*
> *Iré, si bien no es lo más aconsejable.*

Las conjunciones subordinantes concesivas introducen una objeción o dificultad a la acción de la oración principal. Son *aunque, si bien, pese a, por más que, a pesar de que, etc.*

Construye una oración con cada una de las siguientes conjunciones concesivas:

aunque:

_____

aun cuando:

_____

Comparativas

Presta atención:

> *No es tan alto como parece en la tele.*
> *La catedral es más hermosa de lo que pensábamos.*

Las conjunciones subordinantes comparativas introducen oraciones que son el segundo término de una comparación.
Son *como, que.* El primer término de la comparación aparece en la oración principal: *tan, tanto* (para *como*) y *más, menos, mejor, peor, mayor, menor, igual de* (para *que*).

Construye tres oraciones complejas en las que se establezca una comparación:

_____

_____

_____

REGLAS GRAMATICALES

Temporales

Presta atención:

Cuando lleguemos al final del camino te avisaré.
Antes de que amanezca deberíamos cruzar la frontera.
No te compraré el ordenador hasta que no te portes bien.

> **L**as conjunciones subordinantes **temporales** introducen oraciones que expresan una idea de tiempo. Son *cuando, hasta que, antes (de) que, después (de) que, desde que, ahora que, luego que, en cuanto,* etc.

16   Construye oraciones complejas en las que la subordinada sea introducida por l siguientes conjunciones temporales:

cuando:

_____

tan pronto como:

_____

antes de que:

_____

desde que:

_____

hasta que:

_____

REGLAS **G**RAMATICALES

Subraya las conjunciones que encuentres en las siguientes oraciones y di a qué clase pertenecen:

Tiene seis perros, es decir, media docena.   _____

Si hubiese tenido más precaución no hubiera chocado.   _____

Compramos carne y preparamos una deliciosa barbacoa.   _____

¿Estudiarás en tu ciudad o irás al extranjero?   _____

No quiero ir contigo sino con tu hermano.   _____

Me gustaría saber si tu decisión es firme.   _____

Este cantante no es tan guapo como me habían dicho.   _____

Aunque queríamos ir al partido, no fue posible.   _____

Cuando llegamos ya había empezado la película.   _____

Has hecho mucho el vago, así que ya sabes lo que te espera.   _____

El juez ha ordenado que se levante el secreto del sumario.   _____

Como no contestaba mis llamadas fui a su casa.   _____

No puedo ir a verte porque he perdido el autobús.   _____

PRACTICA

Observa estas oraciones:

Acércate para que te pueda ver.

Hoy me he levantado pronto y he salido a correr por el campo.

El hijo de mi tía, o sea, mi primo, es insoportable.

Completa la definición:

Las **conjunciones** son _____

_____.

Hay dos tipos de conjunciones: _____ y _____.

18

Escribe una oración que tenga:

El sujeto compuesto por dos nombres propios:

_____

El complemento directo compuesto por dos sustantivos:

_____

Observa estas oraciones:

No quiero estudiar medicina sino biblioteconomía.

O estudias más o el curso próximo irás a un internado.

Completa:

Las **conjunciones coordinantes** _____

_____.

Las clases de conjunciones coordinantes son _____

_____

REPASA

9

Escribe todas las conjunciones que sepas:

Copulativas:

_ _

Disyuntivas:

_ _

Adversativas:

_ _

Distributivas:

_ _

Explicativas:

_ _

Observa estas oraciones:

Aunque te pongas pesado no pienso ir a tu boda.

Como llegues tarde no podrás hacer el examen.

Ponte crema protectora para que no te queme el sol.

Quiero que me obedezcas.

Completa:

Las **conjunciones subordinantes** _____

_____ .

Las clases de conjunciones coordinantes son _____

_____

_____ .

REPASA

20

Escribe todas las conjunciones que sepas:

Completivas:

_____

Causales:

_____

Consecutivas:

_____

Finales:

_____

Modales:

_____

Condicionales:

_____

Concesivas:

_____

Comparativas:

_____

Temporales:

_____

Las preposiciones

Las preposiciones, como las conjunciones, también son unidades de relación. Veamos las diferencias.

Presta atención:

He visto a tu hermana.
La taparé con esta manta.
Me acuerdo de mi infancia.

En estas oraciones, vemos que las funciones de complemento directo, complemento circunstancial y complemento preposicional se han unido al verbo por medio de las preposiciones *a, con y de*. Se puede decir que estas preposiciones funcionan como un puente o un enlace entre el verbo y algunos de los complementos que dependen de él. Lo mismo sucede en ciertas estructuras, en las que la preposición sirve de nexo entre dos sustantivos:

Me contó <u>historias</u> <u>de la guerra</u>.
           sust.   prep.   sust.

o entre un adjetivo y un infinitivo:

Este examen es <u>difícil</u> <u>de aprobar</u>.
           adj. prep. inf.

Si decimos que las preposiciones sirven de punto de relación entre diferentes elementos de la oración, parece que estamos repitiendo la definición dada en el tema anterior para las conjunciones y esto no puede ser, porque uno de los principios que rige la lengua es el de economía y no sería económico disponer de dos tipos diferentes de palabras que realizasen una misma función.

Las preposiciones se diferencian de las conjunciones coordinantes en que éstas unen elementos q están al mismo nivel:

Me pondré un pantalón y una blusa.

El complemento directo está formado por dos sustantivos unidos por la preposición *y*: *un pantalón una blusa*. Si eliminásemos uno de ellos, el otro seguiría funcionando del mismo modo: *Me pondré u pantalón / Me pondré una blusa*. Ninguno de los sustantivos depende del otro.

Sin embargo, las preposiciones introducen elementos que dependen o se subordinan a un elemento q funciona como núcleo. Veamos cómo funciona esta relación en alguno de nuestros ejemplos:

La taparé con esta manta.
Me acuerdo de mi infancia.

La taparé sí transmite un mensaje completo y también *Me acuerdo*, aunque resulte un poco m impreciso. ¿Sucede lo mismo con *esta manta* y *mi infancia*? Si nos acercamos a alguien y le decimos s más *Esta manta*, seguró que esperará que completemos un mensaje comprensible. *Esta manta* y *n infancia* no pueden aparecer de forma aislada porque dependen de *La taparé* y *Me acuerdo*.

Si hablamos de dependencia o subordinación, inmediatamente pensaremos en las conjuncion subordinantes. ¿En que se diferencian de las preposiciones?

Presta atención:

Quiero que vayas a Inglaterra.
No te dejaré salir aunque te enfades conmigo.

Las conjunciones subordinantes *que* y *aunque* introducen oraciones con un verbo en forma personal (decir, que no sea infinitivo, gerundio o participio). Las preposiciones no pueden introducir oraciones c verbo en forma personal directamente, necesitan apoyarse en la conjunción *que*::

Te esperaré para que me acompañes a la peluquería.
Se trata de que contestéis todas las preguntas.

Aunque sí introducen oraciones cuyo verbo esté en infinitivo:

Estudio para aprobar las oposiciones.

REGLAS GRAMATICALES

Las preposiciones

Con todos estos datos ya podemos elaborar una definición bastante exacta de preposición:

> **L**as preposiciones **son partes invariables de la oración que se utilizan para unir elementos dentro de ella. El elemento introducido por la preposición mantiene una relación de dependencia o subordinación respecto del elemento considerado como núcleo.**

Las preposiciones son: *a, ante, bajo, con, contra, de, desde, en, entre, hacia, hasta, para, por, sin, sobre, tras.* Se han suprimido *cabe* y *so* porque no se utilizan (*so* forma parte de expresiones *so pena de, so pretexto de*). Actualmente, se duda del valor preposicional de *según* por su carácter tónico (las demás son átonas) y por la posibilidad de combinarla con verbos en forma personal (*Según opina la mayoría*).

En el siguiente texto, subraya todas las preposiciones que encuentres:

Pero Esteban, todavía aturdido y extenuado por la visión espléndida de la fiesta y el lujo de verdad, se quedaba inerme y escéptico, con la mente perdida en los cuadros de ciervos y caballos, en los dragones de piscina, en los carritos dorados de bebidas exóticas, en el Oldsmobile perfumado de cuero, en las lámparas y en las mesitas bajas de cristal, que ésas eran las mercancías que le gustaría vender por las rutas comerciales del mundo, y de las que vivir rodeado cada minuto de la vida. Y, como desde la noche de agosto, además de los ruidos del mar y de la guerra, albergaba en la memoria uno nuevo, hecho de cohetes, risas, entrechocar de copas, músicas y bailes, mucho más absorbente y terrible que los otros dos juntos, enseguida se quedaba absorto en él, con los ojos y el pensamiento extraviados en aquel espacio mágico y remoto, adonde ya no alcanzaba el poder de las palabras cotidianas.

(*Caballeros de fortuna*, Luis Landero)

REGLAS **G**RAMATICALES

189

A

La preposición *a* puede expresar diferentes significados:

—movimiento:

> *Iré a Chile*

—lugar:

> *Te esperaré a la puerta de tu casa*

—tiempo:

> *Estaré en casa a las seis*

—instrumento:

> *Este cuadro está pintado al óleo*

—causa:

> *Este accidente se debe a su imprudencia*

—finalidad:

> *Fue a pagar unas facturas*

—precio:

> *Los pimientos están a un euro el kilo*

La preposición *a* es la que lleva el complemento indirecto (*Regalé un libro a Miguel*) y el complemen
directo si alude a personas o animales o cosas personificadas (*Admiro a mi madre*). Sin embargo,
nombres de persona no llevarán la preposición *a* si no aluden a alguien concreto y conocido:

> *Busco un médico.* (un médico, en general)
> *Busco a un médico.* (un médico concreto)

Es incorrecta la supresión de la preposición *a* delante de complementos directos de persona q
comienzan por la vocal *a*:

> **Conozco aquella chica que está saludándote.*
> *Conozco a aquella chica que está saludándote.*

REGLAS GRAMATICALES

Hay ciertos usos de la preposición *a* que es preciso comentar:

- **Sustantivo + a + infinitivo**: *problema a resolver, ejercicio a realizar, cuestión a tratar*, etc. Son expresiones breves y directas y, aunque tomadas del francés y del inglés, se utilizan mucho en nuestra lengua, sobre todo en el estilo periodístico, económico y administrativo (*total a pagar, cantidad a deducir*). En América también son frecuentes. Sin embargo, su uso en la lengua culta es poco recomendable. Es preferible decir:

> *Éste es el cuestionario para responder.*
> *El Madrid es el equipo que hay que batir.*

mejor que:

> *Éste es el cuestionario a responder.*
> *El Madrid es el equipo a batir.*

- **Sustantivo + a + sustantivo**: *linterna a pilas, calefacción a gas, televisión a color, pijama a cuadros*, etc. En estos casos, la preposición *a* debe sustituirse por *de*: *linterna de pilas, calefacción de gas, televisión de color, pijama de cuadros*. Sin embargo, hay algunos usos que resultarían extraños con la preposición *de*: *olla a presión* (no *olla de presión*), *avión a reacción* (no *avión de reacción*).

- **Sustantivo + a + artículo + sustantivo**: es una variación del grupo anterior: *crema a la glicerina* en vez de *crema con glicerina*.

Construye oraciones en las que la preposición *a* tenga los siguientes valores:

lugar:

_____

tiempo:

_____

movimiento:

_____

finalidad:

_____

REGLAS GRAMATICALES

Ante

La preposición *ante* significa 'delante de' o 'en presencia de':

Está ante el mayor reto de su vida.

Se colocó ante la fachada para que le sacasen la foto.

Bajo

La preposición *bajo* significa 'en posición inferior':

Se escondió bajo la mesa

Aparece incorrectamente en construcciones del tipo: *bajo la base de* (correcto *sobre la base de*), b petición, *bajo mandato*, *bajo encargo* (correcto *a petición, por mandato, por encargo*). La construcci *bajo el punto de vista* cada vez está más introducida en nuestra lengua aunque sigue siendo preferi *desde el punto de vista*.

Con

La preposición *con* puede expresar diferentes significados:

—instrumento:

Le atacó con el martillo

—modo:

Se expresó con autoridad

—relación:

Se entrevistó con los periodistas

REGLAS **G**RAMATICALES

Es incorrecto el uso de *con* en lugar de *a* con ciertos verbos como *presentar, recomendar, limitarse,* etc.:

> *Me recomendaron con el director de la empresa.*
> Me recomendaron al director de la empresa.*

Contra

La preposición *contra* sugiere oposición. Es frecuente la expresión *en contra*:

> Se fue de vacaciones en contra de mi voluntad

Es vulgar el uso de *contra* como adverbio en lugar de *cuanto:*

> *Contra más te conozco menos te entiendo.*
> Cuanto más te conozco menos te entiendo.*

Con el verbo *enfrentarse* se utiliza las preposiciones *a* y *con* pero no *contra:*

> *El equipo de mi barrio se enfrenta contra el del tuyo.*
> El equipo de mi barrio se enfrenta al del tuyo.*

Escribe una oración con cada una de estas preposiciones:

ante:

_____

bajo:

_____

con:

_____

contra:

_____

REGLAS GRAMATICALES

De

La preposición *de* puede expresar:

—pertenencia:

La chaqueta es de Laura

—parte:

Algunos de tus amigos son muy pesados

—materia:

Las sandalias son de cuero

—origen:

Viene de América

—tiempo:

Llegaré de madrugada

—condición:

De haberlo sabido, no habría vuelto

Se está extendiendo el uso incorrecto de la preposición *de* ante oraciones introducidas por la conjunción *que* con verbos que no rigen preposición. Este fenómeno se denomina **dequeísmo**. Estas oraciones funcionan como sustantivos; por tanto, para saber si se debe utilizar la preposición, es preciso sustituirla por un sustantivo o un pronombre y comprobar si la preposición se mantiene:

Me avergüenzo de que seas tan inmoral.
Me avergüenzo de ello.

Me avergüenzo de tu inmoralidad.
Me avergüenzo de eso.

Como la preposición es necesaria en ambas oraciones, es correcta su utilización.

REGLAS GRAMATICALES

Veamos ahora estos ejemplos:

> *Te aconsejo de que inviertas en bolsa.*
> *Te aconsejo la inversión.*

En la segunda oración, la preposición *de* no aparece; esto significa que tampoco deberá aparecer en la primera (*Te aconsejo que inviertas en bolsa*).

Veamos otros ejemplos de dequeísmo seguidos de la construcción correcta:

> **Me confesó de que no estaba preparado.*
> *Me confesó que no estaba preparado.*

> **Es fácil de que bajen los dividendos.*
> *Es fácil que bajen los dividendos.*

> **Pienso de que es la mejor estrategia.*
> *Pienso que es la mejor estrategia.*

En otros casos, el uso de *de* es innecesario e incorrecto: *lo he visto de caer, no lo puedo ni de creer, no lo puedo de contar*, etc.

Hay ciertos verbos y construcciones que admiten ser construidos con y sin la preposición *de* según los complementos con los que se combinen:

• olvidar

Puede aparecer como verbo pronominal y no pronominal: en el primer caso llevará complemento preposicional y, por tanto, se construirá con la preposición:

> *Me olvidé de que teníamos una cita*

Sin embargo, cuando no es pronominal no lleva la preposición:

> *Olvidé que habíamos quedado a las cinco*

REGLAS GRAMATICALES

• **ser fácil / ser difícil**

Si van seguidos de infinitivo se construyen con preposición:

Es fácil / difícil de recordar

Sin embargo, cuando significan 'ser probable/improbable' y van seguidos de la conjunción *que*, no admiten preposición:

*Es difícil de que se admita la propuesta.
Es difícil que se admita la propuesta.

El **queísmo** es el fenómeno contrario al dequeísmo y es igual de incorrecto. Consiste en eliminar preposición *de* delante de la conjunción *que* en construcciones en que es necesaria la preposición:

*Estoy seguro que se saldrá con la suya.
Estoy seguro de que se saldrá con la suya

*Me he dado cuenta que eres insoportable.
Me he dado cuenta de que eres insoportable.

4   Di si las siguientes oraciones son correctas (**C**) o incorrectas (**I**):

Es difícil de que asista al concierto.   _____

El profesor olvidó que teníamos un examen.   _____

Me había olvidado que eres un egoísta.   _____

La película se titula *Las cosas del querer.*   _____

Me reprochó de que fuera tan despistado.   _____

Los agravios no son fáciles de olvidar.   _____

REGLAS GRAMATICALES

Desde

La preposición *desde* indica el punto o el momento en que se inicia o se produce algo:

> *Te vi pasar desde mi ventana.*
> *Desde el día del atentado no soy la misma.*

Desde se utiliza en la expresión *desde ya* con el significado de 'desde este momento'. También tiene valor temporal cuando se combina con las formas verbales *hace* y *hacía* en construcciones como:

> *Desde hace meses no voy a la piscina*

En

La preposición *en* puede expresar:
— lugar en donde:

> *Vivo en un ático*

— tiempo:

> *Compraré la casa en julio*

— modo:

> *Se marchó en extrañas circunstancias*

No es recomendable el uso de *en* en expresiones temporales como: *en la mañana, en la tarde, en cinco minutos, en tres horas,* etc. Es preferible:

> *Por la tarde iré a tu casa*

que

> *En la tarde iré a tu casa*

REGLAS GRAMATICALES

Entre

La preposición *entre* hace referencia a:

—un intervalo temporal:

Reinó entre 1435 y 1459

—la relación entre dos términos:

Tienes que elegir entre Venecia o Roma

—cooperación:

Subieron el sofá entre los dos

—situación intermedia:

Se pasa el día entre tu casa y la mía

No es recomendable el uso de *entre* en lugar de *cuando* con valor adverbial:

*Entre más alto me hablas menos te escucho.
Cuanto más alto me hablas menos te escucho.

Hacia

La preposición *hacia* indica:

—dirección:

Condujo hacia la ciudad

—indeterminación temporal:

Vendrá hacia el quince de septiembre

Hasta

La preposición *hasta* indica:

—el final de un lugar:

> *Caminaré hasta donde se acaba el camino*

—el final de un tiempo:

> *Te esperé hasta que me cansé*

—el final de una cantidad:

> *La subida de los tipos llegará hasta el límite admitido*

En las expresiones del tipo *No me iré hasta que regrese el director* es frecuente introducir el adverbio de negación *no*: *No me iré hasta que no regrese el director*. Ese segundo *no* es innecesario y es preferible prescindir de él.

Para

La preposición *para* expresa:

—movimiento:

> *¿Ya vienes para acá?*

—tiempo:

> *El arreglo del pantalón estará para mañana*

—fin de una acción:

> *Ha estudiado mucho para el examen*

Hoy es frecuente expresar el tiempo con construcciones del tipo: *Diez minutos para las diez* en lugar de *Las diez menos diez*. Se trata de un uso tomado del inglés, habitual en algunos países de América.

REGLAS GRAMATICALES

5   Escribe una oración con cada una de estas preposiciones:

en:

_____

entre:

_____

hacia:

_____

hasta:

_____

para:

_____

Por

La preposición *por* alude a:

—un lugar no concreto:

> *Trabaja por ahí, en lo que puede*

—un tiempo indeterminado:

> *La boda será por octubre*

—un motivo:

> *Te premiaron por tu constancia*

—un medio:

> *Viajaremos por carretera*

—el complemento agente de un verbo en voz pasiva:

> *El paciente ha sido trasladado por la ambulancia*

Si *por* se une a la conjunción *que* resulta *porque*, que se escribe siempre en una sola palabra. No debe confundirse *porque*, unión de la preposición *por* y la conjunción *que*, con *por que*, preposición seguida del relativo *que*, ni con *por qué*, preposición seguida de interrogativo, ni con *porqué*, sustantivo masculino:

• ***Porque***: *por* + conjunción *que*:

> *No voy a la feria porque no puedo.*
>
> *Voy contigo porque ya es de noche.*

• ***Porqué***: sustantivo masculino; equivale a *motivo, causa…*:

> *No sé el porqué de tu conducta*
>
> *No sé el motivo de tu conducta.*
>
> *No entiendo el porqué de tu negativa.*
>
> *No entiendo la causa de tu negativa.*

• ***Por qué***: *por* + interrogativo *qué*:

> *Quiero saber por qué has decidido dejar tu trabajo.*
>
> *¿Por qué has decidido dejar tu trabajo?*

• ***Por que***: *por* + relativo *que*; equivale a *por el cual, la cual…* o *por el que, por la que…*:

> *La puerta por (la) que se sale está allí.*
>
> *La puerta por la cual se sale está allí.*
>
> *La deuda por (la) que me embargaron la casa ya ha sido pagada.*
>
> *La deuda por la cual me embargaron la casa ya ha sido pagada.*
>
> *Estos son los motivos por (los) que he dimitido.*
>
> *Estos son los motivos por los cuales he dimitido.*

REGLAS GRAMATICALES

6 Escribe una oración con:

porque:

_____

porqué:

_____

por qué:

_____

por que:

_____

Sin

La preposición *sin* expresa:

—privación:

> *La empresa está sin fondos*

—excepción:

> *Sin ti, seremos cuatro.*

Sobre

La preposición *sobre* significa:

—'encima':

> *El pintor está sobre el andamio*

—'acerca de':

> *Ha escrito un libro sobre la pesca*

REGLAS GRAMATICALES

Tras

La preposición *tras* significa 'detrás de' y 'después de'. Para el primer significado presenta las formas *tras* (*El puma corría tras la liebre*) y *tras de* (*El puma corría tras de la liebre*); con el significado 'después de' sólo aparece como *tras* (*Tras los exámenes se fueron de vacaciones*). Su uso es bastante limitado y se prefieren las formas *después de* y *detrás de*.

Escribe una oración con con cada una de estas preposiciones:

sin:

_____

sobre:

_____

tras:

_____

Las preposiciones pueden combinarse con adverbios o con sustantivos para formar las **locuciones preposicionales**. Algunas de ellas son *a causa de, acerca de, en virtud de, a partir de, a través de, a lo largo de, junto a…*

Escribe una oración con con cada una de estas locuciones preposicionales:

a pesar de:

_____

por medio de:

_____

a causa de:

_____

REGLAS GRAMATICALES

9

Completa estas oraciones con alguna de las preposiciones que hemos visto:

Estoy cansado _____ tus tonterías.

Estoy muy preocupado _____ tu enfermedad.

Han contratado _____ tu hermano.

Voy a dormir la siesta _____ este árbol.

Voy a estudiar informática _____ los mejores profesores.

El Barcelona ha jugado _____ el Glasgow Rangers.

Acabo _____ llegar del aeropuerto.

Vamos a intentar acabar este trabajo _____ los dos.

Estoy segura _____ que el conductor del coche no me vio.

_____ que conoce mis defectos me trata peor.

El gato se escondió _____ la puerta.

Los pasajeros se dirigieron rápidamente _____ la terminal.

No estás preparado _____ trabajar en esta empresa.

Estoy metido _____ el cuello.

PRACTICA

Observa estas oraciones:

Me encantan las fresas con nata.
Me gusta correr por el campo.

Completa la definición:

Las **preposiciones** son _____

_____ .

Inventa un complemento para estos sustantivos y escribe una oración con cada uno de ellos:

pantalón:

_ _

tarta:

_ _

filete:

_ _

libro:

_ _

casa:

_ _

¿Cuáles son las preposiciones en español:

_____

_____ .

REPASA

11 Inventa una oración con cada una de las preposiciones:

_____

_____

_____

_____

_____

_____

_____

_____

_____

_____

_____

_____

_____

Las interjecciones

as interjecciones funcionan como elementos independientes dentro de la oración.

Fíjate bien:

> *¡Ah!, estabas aquí.*
> *¡Ajá!, te he encontrado.*

No podemos decir que las interjecciones sean partes de la oración porque no podemos insertarlas dentro de ella.

> **L**as interjecciones son unidades invariables que expresan
> dolor, asombro, sorpresa, miedo, etc.
> Se escriben entre signos de admiración.

Algunos ejemplos de interjecciones son:

> *¡Ay!, ¡cómo me duele!*
> *¡Hola! ¿Hay alguien?*
> *Todo el público gritaba: ¡olé!*

Algunas interjecciones representan un ruido o una acción y su forma resulta un poco extraña porque intenta reproducir ese sonido: *¡Boom!, ¡Crash¡ ¡Boing! ¡Bang! ¡Glup! ¡Chopf!*

REGLAS GRAMATICALES

UNIDAD 15

La concordancia

La concordancia viene determinada por la relación que se establece entre los diferentes elementos que componen la oración.

Presta atención:

el profesor	*la profesora*
semana pasada	*mes pasado*
el niño llora	*los niños lloran*

La relación que se establece entre los elementos situados a la izquierda y los situados a la derecha idéntica; sin embargo, vemos que al cambiar alguna de las palabras de la columna de la izquierda producen variaciones en la columna derecha. Así, si alteramos el género de *profesor*, no solo aparece forma femenina de este sustantivo sino también la forma femenina del artículo que lo acompaña. mismo sucede en los otros casos: si sustituimos el sustantivo femenino *semana* por el masculino *mes* produce un cambio de género en el adjetivo que lo califica; si cambiamos el número singular del sujo del verbo *llorar* también cambia la forma correspondiente de este verbo en la columna de la derec Estos cambios son consecuencia de la **concordancia**.

> **L**a concordancia **es la relación establecida entre ciertos elementos dentro de la oración que exige que estos elementos coincidan en género, número o persona.**

Se produce concordancia entre el sustantivo y el artículo, entre el sustantivo y el adjetivo, entre el ve y el sujeto, entre el sujeto y el atributo, entre el atributo y el verbo, etc.

REGLAS **G**RAMATICALES

Artículo — sustantivo

Fíjate bien:

> *el barco / la barca*
> *los barcos / las barcas*

Entre el artículo y el sustantivo se produce concordancia en género y número.

Cuando el artículo acompaña a dos o más sustantivos coordinados con género distinto, el artículo puede aparecer en masculino:

> *el pudor y vergüenza*

o presentar el género del primer sustantivo:

> *la fortuna y azar*
> *los hombres y mujeres*

Aunque, lo más recomendable es que cada sustantivo lleve su propio artículo:

> *el pudor y la vergüenza*

La misma recomendación sirve para cuando tienen distinto número:

> *Los vicios y la virtud*

REGLAS GRAMATICALES

La concordancia

Ya sabemos que un caso especial de concordancia lo constituyen los sustantivos femeninos q empiezan por *a-* o *ha-* tónicas, ya que van precedidos del artículo en género masculino:

el asta   el asa

1 Escribe el artículo correspondiente:

    _____ era   _____ cuerpo

    _____ libreta   _____ saludo

    _____ asma   _____ hache

    _____ ojos   _____ miedo

Sustantivo — adjetivo

Presta atención:

ave diminuta
pájaro diminuto

> **E**ntre el sustantivo y el adjetivo hay concordancia
> de género y número.

Para establecer la concordancia del adjetivo cuando afecta a varios sustantivos habrá que tener en cuer si aparece delante o detrás de ellos. En el primer caso, si los sustantivos presentan todos el mism género, el adjetivo concuerda con ellos:

En el festival había conocidos actores y directores

REGLAS GRAMATICALES

Si son de distinto género la concordancia, tanto en género como en número, se establece con el que esté más próximo:

Su osado atrevimiento y coraje le salvaron la vida.

Fue muy valorada su buena preparación y entusiasmo.

Si el adjetivo está después de los sustantivos y éstos no tienen el mismo género, aparecerá en masculino y en plural:

Luis y Alba son cariñosos.

En aquella tienda había pantalones y chaquetas baratos.

Con palabras del tipo *alteza, señoría, majestad…* el adjetivo aparecerá en femenino si funciona como complemento del sustantivo:

Su Alteza Serenísima

Su Divina Majestad

pero si el adjetivo funciona como atributo tendrá el género masculino o femenino teniendo en cuenta el sexo de la persona a la que hace referencia:

Su Majestad parecía cansada (la reina).

Su Majestad estaba enfadado (el rey).

Su Señoría está muy sorprendido (el diputado).

Su Señoría resultó muy beneficiada (la diputada).

Escribe estas oraciones con un adjetivo:

La _____ abogada ganó el juicio sin problemas.

Carlos y Rebeca no vendrán porque están _____ .

Los _____ payasos divirtieron al público.

REGLAS GRAMATICALES

Sujeto — verbo

Lee con estos ejemplos:

> *Yo duermo la siesta.*
> *Tú comes demasiado.*
> *El programa acabó tarde.*
> *Nosotros no tenemos esos problemas.*
> *Vosotros llegaréis más tarde.*
> *Ellos ya se han comprometido.*

El sujeto y el verbo concuerdan en número y persona.

Hay algunas excepciones como es el caso de los pronombres *usted* y *ustedes*. Aunque es un pronombre dirigido al oyente, es decir, a la segunda persona, la concordancia con el verbo se produce en tercera persona:

> *Usted no ha sido muy amable conmigo.*

Lo mismo sucede con el pronombre *vos*, utilizado en gran parte de Hispanoamérica en lugar de *tú*, concuerda con el verbo en segunda persona del plural:

> *Vos sois muy travieso.*

Existe un tipo de sustantivos llamados colectivos que hacen referencia a un grupo de elementos: *gente, multitud, rebaño, cantidad,* etc. La concordancia en estos casos se complica porque el sustantivo es singular pero alude a una pluralidad. Veamos cómo se resuelve. Lo habitual es que la concordancia se haga en singular:

REGLAS GRAMATICALES

La multitud fue desalojada por la policía.

La gente gritaba enfervorizada.

El grupo se dispersó ante la gravedad del incendio.

Aunque, si estos sustantivos llevan algún complemento, puede suceder que el verbo concuerde con el sustantivo colectivo o con el complemento:

La mayoría de los alumnos aprobaron el examen.

La mayoría de los asistentes aprobó el examen.

Un grupo de fans esperaron al cantante.

Un grupo de fans esperó al cantante.

A veces, el sujeto no está formado por un solo sustantivo sino por varios; el verbo entonces aparecerá en plural:

El león, el tigre, la jirafa y el elefante son animales salvajes.

Javier, Sergio y Helena jugaron en la pradera.

Sin embargo, en determinados casos se prefiere el singular:

- Si se suprime el artículo del segundo, los elementos coordinados funcionan como una unidad y el verbo puede aparecer en singular:

La entrada y salida de coches ha sido masiva este fin de semana.

La subida y bajada de la bolsa ha desconcertado a los inversores.

- Si los elementos que componen el sujeto son oraciones o infinitivos, el verbo puede aparecer en singular:

Acostarme tarde y madrugar es incompatible para mi organismo.

Que vayas a la autoescuela y que saques el carnet de conducir es imprescindible si quieres conseguir este trabajo.

Si estos elementos no tienen todos la misma persona, el verbo irá en primera persona del plural si e incluido el hablante:

> *Mi tía, mi tío y yo iremos al concierto.*
> *Tú y yo nos conocemos demasiado.*

y en segunda persona del plural si, no estando la primera, aparece el oyente:

> *Ana y tú sois mis mejores amigas.*
> *Los primeros seréis tu hermano y tú.*

Si el sujeto compuesto aparece detrás del verbo, éste puede ir en plural o en singular, concordando c el elemento más próximo:

> *En el hospital me atendieron el médico y las enfermeras.*
> *En el hospital me atendió el médico y las enfermeras.*

Los pronombres personales *nosotros* y *vosotros* pueden ir precedidos de palabras como *alguno* e *ninguno de* o *quién / quiénes de*. ¿Con quién deberá concordar entonces el verbo? Si estas palabr (indefinidos e interrogativos) están en singular, el verbo aparecerá en tercera persona del singular:

> *¿Alguno de nosotros está dispuesto a admitir el error?*
> *¿Quién de vosotros ha firmado el comunicado?*
> *Ninguno de nosotros tenía intención de dimitir.*

Sin embargo, si los indefinidos o numerales presentan el número plural, el verbo aparecerá en prim persona del plural si acompañan a *nosotros*, y en segunda persona del plural si acompañan a *vosotros*:

> *Algunos de nosotros sabíamos que se estaba produciendo un fraude.*
> *Algunos de vosotros conocíais la situación desde hace tiempo.*
> *¿Quiénes de nosotros vamos a asistir a la cena?*
> *¿Quiénes de vosotros estuvisteis ayer en la reunión?*

REGLAS GRAMATICALES

Escribe una oración con:

usted:

_____

gcntc:

_____

alguno de nosotros:

_____

multitud:

_____

Concordancia del atributo

Fíjate bien:

> *La vida es corta.*
> *Los amigos son importantes.*

> **E**l atributo mantiene una relación de concordancia compleja con el sujeto y con el verbo de la oración.

• Con el sujeto deberá coincidir en género y número:

> *Este libro es divertido.*
> *La crítica fue positiva.*

REGLAS **G**RAMATICALES

• Con el verbo se establecerá una concordancia en número:

Tu idea es ingeniosa.
Estas mantas están sucias.

La concordancia en género entre el sujeto y el atributo dejará de manifestarse cuando el atributo presen una forma invariable para masculino y femenino:

La película era interesante.
Tu comentario resultó desagradable.

4 Reescribe las siguientes oraciones introduciendo los cambios de género y núme que puedas:

Este perro es muy fiero:

_____

_____

_____

Los niños son muy pequeños:

_____

_____

_____

La barca es roja:

_____

_____

_____

Completa estas oraciones introduciendo un artículo, sustantivo, verbo o adjetivo que cumpla las reglas de la concordancia:

_____ sábado iré a pescar al puerto.

La ministra está muy _____ por los vertidos industriales.

Yo no _____ de acuerdo con tus estimaciones.

La _____ corría alegre por la pradera.

No _____ enfrentarte al problema porque eres un cobarde.

_____ astilleros han planteado sus reivindicaciones.

La _____ está fría.

Nosotros _____ hartos de tus impertinencias.

_____ mayoría de la gente salió enfadada.

Algunos de nosotros_____ que la situación es muy complicada.

Ustedes no _____ ni idea de lo que estoy pasando.

_____ hábitos y costumbres de las personas son muy diferentes.

Las _____ no son como parecen.

Ella no _____ una mentirosa.

PRACTICA

Observa estas oraciones:

La libreta está usada.
El libreto está usado.

Completa la definición:

La **concordancia** es _____

_____.

¿Cómo concuerdan el artículo y el sustantivo?:

_____

_____

6

Inventa un sustantivo para cada uno de estos artículos:

el _ _ _ _ _ _ _ _ _ _ _

la _ _ _ _ _ _ _ _ _ _

los _ _ _ _ _ _ _ _ _ _

las _ _ _ _ _ _ _ _ _ _

¿Recuerdas algún caso especial de concordancia entre el artículo y el sustantivo?
Pon algún ejemplo:

_____

_____

_____

¿Cómo concuerdan el sustantivo y el adjetivo?:

_____

_____.

Escribe dos oraciones en las que se aprecie esta concordancia:

- -

- -

¿Cómo concuerdan el sujeto y el verbo?:

_____

_____.

Reescribe tres veces esta oración cambiando la persona del verbo y, por tanto, el sujeto:

Yo nací un domingo:

- -

- -

- -

¿Cómo concuerda el atributo?:

_____

_____.

Escribe una oración en la que se aprecie esta concordancia:

- -

REPASA

Soluciones

Unidad 1 • La oración

1. Mariposa (SN), coche (SN), jugué (SV), estuve (SV), mano (SN), amigo (SN), siento (SV), cumpliste (SV), olvido (SN), vuelvo (SV), juegan (SV).

2. <u>Nosotros</u> caminamos muy despacio. <u>La conferencia</u> comienza a las siete. <u>Nuestros amigos</u> son muy solidarios. <u>Mi padre</u> prefiere el fútbol. <u>Las niñas</u> han ido de excursión. <u>La doctora</u> ha recomendado reposo. <u>La fiesta</u> acabó muy tarde. <u>Ella</u> llegará mañana.

3. Nosotros, tú, ellas, yo, él/ella.

4. <u>Pasamos</u> las vacaciones en la casa de la playa. Este curso <u>estudiaré</u> en un instituto bilingüe. No <u>tenía</u> demasiado dinero. Cleopatra <u>causaba</u> admiración. En la plaza del pueblo <u>había</u> dos mimos. Sus amigos le <u>apoyaron</u> en todo.

6. El músico la compuso. Ana lo ha comprado. La princesa las lucía. Los bomberos los localizaron. El tabaco la perjudica.

7. Se enorgulleció <u>de su hija</u>. Este libro trata <u>de la Revolución Francesa</u>. El mendigo se conformó <u>con la limosna</u>. Cuentas <u>con mi apoyo</u>. Nunca se acuerda <u>de sus compromisos</u>. La niña se encariñó <u>con el peluche</u>.

8. A sus sobrinos, al profesor, al cliente, a los turistas.

10. 1 E, 2 D, 3 A, 4 B, 5 C.

11. sujeto: yo, verbo: compré, complemento directo: un cuaderno, complemento circunstancial: en la papelería.
    sujeto: mi padre, verbo: regaló, complemento directo: flores, complemento indirecto: a mi madre, complemento circunstancial: en su cumpleaños.
    sujeto: el director, verbo: se jactaba, complemento preposicional: de sus logros, complemento circunstancial: ayer, complemento circunstancial: en la reunión.

12. <u>Las abejas</u> fabrican la miel en las colmenas. <u>Los antiguos griegos</u> tenían muchos dioses. <u>Las cigüeñas</u> han construido sus nidos en la catedral. <u>Las plantas del jardín</u> han crecido mucho. <u>Las nubes grises</u> tapaban el sol. <u>Gabriela</u> vive en Las Palmas. <u>La explosión</u> causó varias víctimas.

14. Los bandidos atacaban <u>a los caminantes</u>. No escuchó <u>mi consejo</u>. El escritor me ha dedicado <u>su libro</u>. No oigo bien <u>la canción</u>.

16. Se lo dio. No la encontró. El torero se la dedicó. Se las entregó. Le llamó.

17. Con la cadena ató al perro. En barco no viajaré por tu culpa. En el jardín, construiré una caseta para el perro.

18. C. preposicional, c. directo, c. circunstancial, c. indirecto, c. circunstancial.

Unidad 2 ● El sustantivo

2. Lámpara (C), pereza (A), calabaza (C), tren (C), lástima (A), modestia (A), papel (C), vino (C), disco (C), amist
   (A), seta (C), caja (C).

3. Niña, presentadora, panadera, condesa, emperatriz, yegua, madre, sacerdotisa, zarina, alcaldesa, carnero, seño

4. Ambiguo, común en cuanto al género, epiceno, común, epiceno, epiceno, común.

5. Peces, gorriones, barnices, champús, moscones, cárceles, candelas, bocacalles, antítesis, altavoces.

6. La vida y milagros, la antigua Yugoslavia, el hambre, La Haya, el aire, Antonio, las penas y alegrías, los amigos,
   Perú, el alga, la casilla, Sergio García el Niño, los olivos, la oca, Javier, el León gótico, las alimañas, La Meca,
   Raúl del Madrid, la bahía, Dalí, García Márquez, Encarna, el Vicente Calderón, el asta, Francisco Martínez el A
   Las Palmas, el cangrejo, la Roma clásica, el alma, los coros y danzas, el archivo, el hada, el París del siglo XX,
   Salvador, el ratón, Pilar, los pros y contras, el ansia, el orfebre, los balones, los libros y carpetas.

10. Aquel día no había sido muy agradable para Elisa. Sus parientes de Madrid habían decidido darle una sorpres
    le habían regalado un periquito al que llamaban Francisco, como homenaje al abuelo, Francisco Hidalgo. Aho
    Elisa no sabía qué hacer con el dichoso pájaro porque ella se iba de vacaciones a Egipto al día siguiente.

12. Cámara (F), mariposa (F), vinagre (M), siesta (F), mano (F), sartén (F), carnaval (M), seta (F), día (M).

13. Albornoces, toses, corazones, almuerzos, cárceles, sofás, bueyes, martes, maíces.

Unidad 3 ● Los pronombres personales

2. Nosotros, yo, usted, vosotros.

3. No me acordé de que tenía que recogerte en la estación. Lo olvidé por completo. Por ello, te enfadaste conmi
   y no quisiste hablarme. Mis amigos te habían avisado: "Con él nunca se sabe". Ellos, a mí, me conocen bien.

4. Cuando la casa se inundó, la llamaron. No los has hecho porque eres muy vago. Le insultaron a la salida d
   congreso. Me gusta vestirlas. Un perturbado las molestaba.

5. Sí, les he dado agua. Los alumnos se lo regalaron. Acabo de comerlo. Los han agradecido. La han ascendido.
   médico de guardia le atendió. El apicultor las cuida. El técnico la ha arreglado. Se lo ofreció. Acércamela. Por f
   se la han pagado. No me los reconocen. Los castigaron. Preséntamela.

6. 1ª persona: yo, mi, me, conmigo, nosotros, nosotras, nos. 2ª persona: tú, ti, te, contigo, usted, vos, vosotr
   vosotras, ustedes. 3ª persona: él, ella, ello, sí, consigo, le, la, lo, se, ellos, ellas, consigo, los, las, les.

8. Recordémonos, marchaos, escuchadme, escondámonos, sentaos.

9. (I), (C), (I), (I).

10. (I), (I), (C), (C), (C).

Unidad 4 ● El adjetivo

1. Atributo, adyacente del sustantivo, atributo, atributo, atributo, adyacente del sustantivo.

5. I, I, I, IN, S, IN, S.

10. Fue una tarde muy <u>divertida</u>. Los niños <u>pequeños</u> jugaron en un tobogán <u>verde</u> que tenía las escaleras <u>rojas</u>; los niños <u>mayores</u> prefirieron leer <u>divertidos</u> libros y resolver <u>difíciles</u> pasatiempos y después lanzarse a la piscina <u>redonda</u>, que tenía el agua <u>limpia</u> y <u>fría</u>.

11. Explicativo, especificativo, explicativo, explicativo.

13. Celebérrimo, notabilísimo, crudelísimo y cruelísimo, fortísimo y fuertísimo, ternísimo y tiernísimo, sapientísimo.

Unidad 5 ● Los demostrativos

1. Estos, aquellas, eso, esta, ese, aquellos.

4. A, A, P, A, P, P, P, A, A, P, A, P, P, A

5. Cerca del hablante: este, esta, esto, estos, estas. Cerca del oyente: ese, esa, eso, esos, esas. Lejos de los dos: aquel, aquella, aquello, aquellos, aquellas.

8. <u>Esto</u> sí que vive bien (…) beberá <u>ese</u> agua del vaso (…) <u>ese</u> hambre voraz que tiene (…) no pensar en <u>ese</u> (…) <u>éste</u> jefe que tengo (…).

Unidad 6 ● Los posesivos

3. (I), (C), (C), (C), (C), (C), (I), (C), (C), (C).

5. Un poseedor: mi, mío, mía, mis, míos, mías, tu, tuyo, tuya, tus, tuyos, tuyas, su, suyo, suya, sus, suyos, suyas. Varios poseedores: nuestro, nuestra, nuestros, nuestras, vuestro, vuestra, vuestros, vuestras, sus, suyos, suyas.

6. Mi blusa / la blusa mía, tu hijo / el hijo tuyo, nuestros caballos / los caballos nuestros, nuestras cartas / las cartas nuestras.

Unidad 7 • Los relativos

1. Los jugadores que eran altos se situaban en la defensa. Una de las atracciones era una casa que esta encantada.

2. Explicativa, especificativa, especificativa, explicativa, especificativa, explicativa.

3. El vecino está en la ventana / El vecino se llama Mario. He comprado un coche / El coche tiene mucha potenc Los compañeros son muy jóvenes. Trabajo con los compañeros.

4. (I), (C), (C), (C), (I).

5. 1 B, 2 A, 3 D, 4 C.

7. Especificativa, especificativa, explicativa, explicativa, especificativa.

8. C. circunstancial, c. directo, c. indirecto, sujeto, c. preposicional.

9. Como, donde, cuando, como, donde.

13. Quienes, quien, quien, quienes.

14. (I), (C), (I), (C).

Unidad 8 • Interrogativos y exclamativos

3. (I), (C), (I) (C).

4. Adjetivo, pronombre, pronombre, adjetivo, pronombre.

6. Cómo, dónde, cuándo, cuándo, dónde.

7. 1 F, 2 D, 3 A, 4 G, 5 C, 6 B, 7 E.

10. Pronombre, adjetivo, adjetivo, pronombre.

Unidad 9 • Numerales e indefinidos

2. Quince, treinta y ocho, cincuenta y dos, noventa y tres, ciento quince, quinientos, seiscientos cincuenta y tres, setecientos dieciocho, novecientos treinta y dos, siete, cuarenta y cinco, setenta y tres, cien, cuatrocientos treinta y siete, quinientos ochenta y dos, setecientos tres, ochocientos sesenta y siete, mil cuatrocientos cincuenta y seis.

3. Segundo, quinto, primero.

4. Sexto, cuadragésimo primero, quincuagésimo quinto, centésimo, centésimo quincuagésimo quinto, décimoséptimo, quincuagésimo, septuagésimo tercero, ducentésimo, milésimo.

5. Nada, alguien, algo, nadie, nada.

6. 1 C, 2 E, 3 B, 4 A, 5 D, 6 F.

8. Toda, todo, toda, todas, todo, todos, toda, todas, todos.

9. Cuatro, nueve, diecisiete, 23, treinta, treinta y cuatro, cuarenta y cinco, cincuenta y seis, 62, 125, doscientos, doscientos quince, 340, quinientos cincuenta, setecientos dieciséis, ochocientos, 1120, primero, 2º, undécimo, vigésimo sexto, 31º, cuadragésimo, cuadragésimo tercero, quincuagésimo, 65º, centésimo, centésimo primero, centésimo quincuagésimo, 200º, cuadracentésimo, milésimo, 1 000 000º.

12. Había comprado <u>demasiados</u> pasteles y no sabía por qué. <u>Algún</u> día debería preguntarse a qué se debe esa manía que tienen <u>ciertas</u> personas de comprar <u>muchas</u> cosas que no necesitan para <u>nada</u>. Sin embargo, a él, los pasteles nunca le parecían <u>bastantes</u>. No tenía preferencia por <u>ninguno</u> en especial, le gustaban <u>todos</u>, no hacía <u>ninguna</u> distinción. Y, claro, <u>algún</u> empacho sí que había padecido, pero no le importaba y siempre quería más.

Unidad 10 • El adverbio

2. Tiempo, orden, cantidad, tiempo, modo, duda.

3. Sutilmente, energicamente, inutilmente, divinamente, estoicamente, fatalmente, estupidamente, languidamente, inicialmente, enormemente.

5. Dentro, dentro, adentro, adentro, dentro.

6. Fuera, fuera, afuera, afuera

7. Arriba, encima, arriba, encima

8. Abajo, debajo, abajo, debajo.

9. Delante, adelante, adelante, adelante, delante.

10. Detrás, atrás, detrás.

13. <u>Ayer</u> fue un día desastroso. <u>Allí</u> hay unas setas muy grandes. Me gusta caminar <u>despacio</u> por el campo. <u>Toda</u> <u>no</u> estoy preparada para afrontar ese reto. <u>Sí</u>, yo <u>también</u> estoy de acuerdo. <u>Probablemente</u> no volvamos vernos. Los sindicatos <u>tampoco</u> han reconducido la negociación.

Unidad 11 ● El verbo

1. Compr, esper, sal.

2. 1 B, 2 A, 3 E, 4 F, 5 D, 6 C.

5. Imperativo, subjuntivo, indicativo, imperativo, subjuntivo.

8. Regular, irregular, regular, irregular.

9. Intransitivo, transitivo, pronominal, intransitivo, pronominal.

11. Salto, saltas, salto, saltamos, saltáis, saltan. Tema, temas, tema, temamos, temáis, teman. Escribía, escribí escribía, escribíamos, escribíais, escribían. Esperaré, esperarás, esperará, esperaremos, esperaréis, esperará Bebí, bebiste, bebió, bebimos, bebistéis, bebieron. Asumí, asumiste, asumió, asumimos, asumistéis, asumieron.

12. No <u>estoy</u> de acuerdo contigo. Los jugadores no <u>han hecho</u> un buen partido y por ese motivo <u>han perdido</u>. Cr que no <u>entrenan</u> lo suficiente. <u>Están</u> siempre muy relajados y con pocas ganas de <u>sacrificarse</u>. Ahora <u>ha venido</u> equipo peor y les <u>ha ganado</u> porque <u>han jugado</u> mejor y <u>han demostrado</u> que en el ajedrez <u>hay que tener</u> ganas

13. Primera persona del plural, tercera persona del plural, primera persona del singular, tercera persona del plural.

    Ayer = pasado, hoy = presente, mañana = futuro.

14. Imperfectivo, imperfectivo, perfectivo, perfectivo, perfectivo, imperfectivo, perfectivo, perfectivo, perfectiv imperfectivo, perfectivo.

15. La montaña fue escalada por los montañeros. Un muro fue construido por el albañil. La exposición f inaugurada por los reyes. La nueva colección fue presentada por la diseñadora. Los pasteles fueron comidos p los niños.

SOLUCIONES

Unidad 12 • La conjunción

1 Deseo que apruebe el examen. María estudia periodismo y Marcos estudia psicología. Quiero ir de excursión pero mis padres no me dejan. Tienes que trabajar para que puedas pagar el alquiler.

2. Subordinación, subordinación, coordinación, coordinación.

8. Complemento directo, complemento directo, sujeto, complemento preposicional.

17. Tiene seis perros, es decir, media docena. Si hubiese tenido más precaución no hubiera chocado. Compramos carne y preparamos una deliciosa barbacoa. ¿Estudiarás en tu ciudad o irás al extranjero? No quiero ir contigo sino con tu hermano. Me gustaría saber si tu decisión es firme. Este cantante no es tan guapo como me habían dicho. Aunque queríamos ir al partido, no fue posible. Cuando llegamos ya había empezado la película. Has hecho mucho el vago, así que ya sabes lo que te espera. El juez ha ordenado que se levante el secreto del sumario. Como no contestaba mis llamadas fui a su casa. No puedo ir a verte porque he perdido el autobús.

Unidad 13 • Las preposiciones

1. Pero Esteban, todavía aturdido y extenuado por la visión espléndida de la fiesta y el lujo de verdad, se quedaba inerme y escéptico, con la mente perdida en los cuadros de ciervos y caballos, en los dragones de piscina, en los carritos dorados de bebidas exóticas, en el Oldsmobile perfumado de cuero, en las lámparas y en las mesitas bajas de cristal, que ésas eran las mercancías que le gustaría vender por las rutas comerciales del mundo, y de las que vivir rodeado cada minuto de la vida. Y, como desde la noche de agosto, además de los ruidos del mar y de la guerra, albergaba en la memoria uno nuevo, hecho de cohetes, risas, entrechocar de copas, músicas y bailes, mucho más absorbente y terrible que los otros dos juntos, enseguida se quedaba absorto en él, con los ojos y el pensamiento extraviados en aquel espacio mágico y remoto, adonde ya no alcanzaba el poder de las palabras cotidianas.

4. (I), (C), (I), (C), (I), (C).

9. De, por, a, bajo, con, contra, de, entre, de, desde, tras, hacia, para, hasta.

Unidad 15 • La concordancia

1. La era, la libreta, el asma, los ojos, el cuerpo, el saludo, la hache, el miedo.

4. Esta perra es muy fiera, estos perros son muy fieros, estas perras son muy fieras. El niño es muy pequeño, la niña es muy pequeña, las niñas son muy pequeñas. El barco es rojo, los barcos son rojos, las barcas son rojas.

Índice